本书是陕西省软科学研究计划项目《陕西省外商投资企业独资控股化趋势效应及对策研究》（项目编号：2008KR116）的阶段性成果之一

本书出版得到西安电子科技大学人才建设基金资助

# 契约、控制权与效率

## ——外商投资企业独资化倾向的理论与实证研究

CONTRACTS
CONTROL
AND EFFICIENCY

王　涛◎著

人民出版社

# 目　录

# 1  导论

## 1.1  问题的提出及研究意义

### 1.1.1  问题的提出

我国自从 1979 年对外开放以来，在利用外国直接投资（FDI）方面取得了巨大的成功。在 2002 年超过美国，成为全球 FDI 流入量最大的国家。2004 年，FDI 的合同金额达到 1534.79 亿美元，比上年增长 33.37%；实际利用外资金额达到 606.3 亿美元，比上年增长 13.32%。经过二十几年的发展，外国直接投资已经成为我国利用外资的主要形式，总体上来看，外国直接投资在我国国民经济中已占据了举足轻重的地位，对我国的经济发展起到了越来越明显的促进作用（见表 1.1）。

表 1.1    1993 ~ 2004 年 FDI 对中国经济发展的贡献

| 年份 | 实际外资额（亿美元） | 外资占固定资产投资比例(%) | 外资对工业产值贡献比例(%) | 外资占中国出口比例(%) | 外资税收贡献比例(%) |
|------|------|------|------|------|------|
| 1993 | 275.2 | 12.1 | 9.2 | 27.5 | 5.7 |
| 1994 | 337.8 | 17.1 | 11.3 | 28.7 | 8.5 |
| 1995 | 357.2 | 15.7 | 14.3 | 31.5 | 11.0 |
| 1996 | 417.3 | 15.1 | 15.1 | 40.1 | 11.9 |
| 1997 | 452.6 | 14.8 | 18.6 | 41.0 | 13.2 |
| 1998 | 454.6 | 13.2 | 24.0 | 41.1 | 14.4 |

| 年份 | 实际外资额（亿美元） | 外资占固定资产投资比例(%) | 外资对工业产值贡献比例(%) | 外资占中国出口比例(%) | 外资税收贡献比例(%) |
|------|------|------|------|------|------|
| 1999 | 403.2 | 11.2 | 27.8 | 45.5 | 16.0 |
| 2000 | 407.2 | 10.5 | 22.5 | 47.9 | 17.5 |
| 2001 | 468.8 | 10.5 | 28.1 | 50.1 | 19.0 |
| 2002 | 527.4 | 10.1 | 33.4 | 52.2 | 20.5 |
| 2003 | 535 | 8.03 | 40.77 | 55.48 | 20.86 |
| 2004 | 606 | 7.16 | 27.81 | 57.43 | 20.81 |

资料来源:转引自商务部网站:http://www.fdi.gov.cn;http://www.mofcom.gov.cn。

随着外国在华直接投资的不断发展,作为 FDI 主体的跨国公司,其进入中国市场的行为和模式发生了巨大的变化。在 1985 年,我国对外开放的初期,外商独资企业投资合同金额在外国直接投资合同总额中所占的比例不足 1%,1996 年上升到 36.6%,1999 年达到了 50.2%,特别是在近几年,上升速度有加快的趋势,2002 年达到 69.2%,到了 2004 年年底,外商独资企业合同金额占 FDI 合同总额的比例已经达到了 76.4%。而合资企业占我国利用外资的比例在近 10 年间迅速下降,由 1993 年利用合同外资额的 49.5% 下降到 2002 年的 22.4%,到 2004 年这一比例已下降到了 18%。在成立企业数目方面,1997 年,我国新批准的外商独资企业数首次超过中外合资企业数,在新批准的 20976 家三资企业中,中外合资企业为 9001 家,占 42.91%;外商独资企业为 9602 家,占 45.78%。这是我国自 20 世纪 70 年代末引进外国直接投资近 20 年来,新批外商独资企业数目第一次超过中外合资企业的数目。2003 年,我国全年共批准各种形式外资企业 41081 家,独资企业数目为 26943 家,占企业总数的 65.59%;而合资企业有 12521 家,占总数的 30.48%;在当年新批准企业中,独资企业数目超过合资企业数目一倍以上。到 2004 年年底,统计数字显示,当年新批准合资企业数目下降到了 11570 家,占企业总数的 26.5%,而独资企业总数上升到了 30708 家,占当年新批企业总数的 70.33%。这表明在每年新增外国直接投资中，独资企业无论是在投资金额上还是在数量上都远远超过了合资企业。

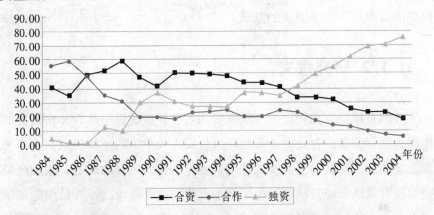

**图 1.1  1984～2004 年 FDI 企业形式构成的变化趋势（合同外资金额）**

资料来源：根据历年《中国统计年鉴》、《中国对外经济贸易年鉴》数据整理得出。

除新建企业中独资企业比例大幅度提高外，原来通过合资企业模式进入中国市场的跨国公司也开始通过增资扩股、并购等方式，逐渐将原来的合资经营向独资经营转化。特别是华经营多年的大型跨国公司已经纷纷将在华投资企业变为独资企业，例如，西门子、宝洁、松下、东芝等知名跨国公司先是通过增资扩股取得对合资企业的绝对控股权，继而通过全面收购中方股份把合资企业变为独资企业。其他在华合资企业也不同程度地显露出外资通过各种形式进行控股和独资的倾向。此外，通过收购和兼并方式直接成为独资公司或达到绝对控股，也正在成为跨国公司进入中国市场的新动向。①

在中国加入 WTO 后，跨国公司在华企业的独资倾向越来越明显，现在已形成了全国范围内的外资企业独资化趋势。为什么会出现这一趋势？造成独资化现象的深层次原因是什么？而外资企业独资倾向的本质

---

① 由于跨国并购属于跨国公司在华 FDI 的方式问题,形成的企业模式与新建投资是一致的,即股权结构都最终形成独资或合资,因此,本书对此将不作专门的分析。

和内在关系是什么？这些问题都需要对于这一现象进行分析和解释，而对于这一现象的内在关系和规律的分析和探索，将会为理论研究和实际问题的解决打下一个坚实的基础。

## 1.1.2 研究意义

外国直接投资在我国的经济发展和对外开放过程中起着非常重要的作用，独资企业、合资企业等是跨国公司进入中国的不同模式，在华外资企业的进入模式和经营模式从合资主导向独资主导的转变，表明跨国公司投资战略和经营战略发生了根本改变。这个现象已经开始引起了学术界和有关部门的关注，但是目前无论在理论分析还是在实证研究方面，相关的文献和取得的成果还比较少。现有的研究成果大多是从宏观和中观的角度来分析跨国公司战略与结构的变迁趋势，很少从企业的层面来分析跨国公司独资倾向的形成原因与机理，尤其缺乏从微观层面对于这一现象进行的实证研究。企业是市场经济中最基本的组成元素，通过对于企业行为的深入剖析，将有助于对于整个市场经济趋势的把握。所以从微观角度研究跨国公司的行为变化，特别是在我国这样一个处于转轨时期的新兴市场环境中的跨国公司行为倾向，对于分析不同制度环境和市场约束条件下企业的选择，理解跨国公司的本质、促进我国市场体系的发展以及尽快融入全球化经济都将具有重要的理论意义和现实意义。因此，如何解释跨国公司在华投资行为的这种变化过程，预测其发展趋势并提出应对措施，是摆在我们面前的一个重要课题，具有较高的研究价值。

本书试图建立一个不完全契约的分析框架，从控制权的角度分析国际合资企业所包含的契约关系，进而分析形成跨国公司在华经营与投资的独资倾向的原因。通过理论和实证研究，为揭示跨国公司在华投资经营的行为趋势，提供一种新的分析方法和思路。

## 1.2 基本概念界定

### 1.2.1 外商投资企业

根据国家统计局关于外国（商）投资企业的定义，如果一个企业全部资本中25%或以上来自外国（包括港澳台）投资者，该企业就被称为外国（商）投资企业。一般将外国（商）投资企业划分成中外合资经营企业、中外合作经营企业、外商独资企业和外商投资股份有限公司等四类。[①] 在我国的官方报告中，将来自港澳台地区的直接投资与来自其他国家的投资区别开来，分别称为"外商投资企业"和"港澳台投资企业"。但在一般的研究中，普遍将它们合并称为"外商投资企业"。本书也依据惯例将它们统称为"外商投资企业"或"外资企业"。

外商投资企业是指依照中华人民共和国法律的规定，在中国境内设立的，由中国投资者和外国投资者共同投资或者仅由外国投资者投资的企业，在本书中，外资企业是一个总的概念，包括所有含有外资成分的企业。依照外资在企业注册资本和资产中所占股份和份额的比例不同，以及其他法律特征的不同，可分为四种类型：

（1）中外合资经营企业。又简称合资企业或合营企业，是指跨国公司或其他经济组织或个人与中国企业或其他经济组织，按照中国的法律、经中国政府批准、在中国境内设立的以合资方式组成的有限责任公司。

中外合资企业是股权式合营企业，合资各方按一定比例进行共同投

---

① 我们通常还见到"三资企业"的称谓，事实上，"三资企业"已经成为一个历史概念。在我国开始引进外资时，将其分为中外合资经营企业、中外合作经营企业、外商独资企业三类，当时统称"三资企业"，现在的种类已不止三种，而是有四种。此外，外国直接投资中的"合作开发"项目由于中外双方仍是两个独立的法人，双方之间仅为项目合同关系，因而不属于外资企业范畴。

资，投资双方在企业总投资中所占的比例关系着投资者股权的大小，股权的大小直接关系着股权拥有者对企业生产经营的控制程度。中外合资企业的投资资本由两部分构成，即注册资本与借入资金。注册资本是合资企业注册登记时，投资各方确定认缴注册的法定资本。它是合资各方出资的总和，也成为合资企业的股本。注册资本是合资企业分配利润、承担风险的基础和依据。借入资金是指合资企业在注册资本达不到投资总额的情况下，通过借款方式投入的资金，由合资企业承担。对于合资企业的注册资本外方的比例，我国规定了其下限而没有规定其上限，《中外合资经营企业法》规定：在合资企业的注册资本中，外国资本的投资比例一般不低于25%。

《中外合资经营企业法》规定，董事会是合资企业的最高权力机构，决定合资企业的一切重大问题。企业的董事会成员不得少于3人，董事名额的分配由合营各方参照出资比例协商确定，董事长和副董事长由合营各方协商确定或由董事会选举产生，合营一方担任董事长的，由他方担任副董事长。

（2）外商独资企业（简称独资企业），是指外国或港澳台地区的公司、企业和其他经济组织或个人，依照中国有关法律组织并经中国政府批准，在中国境内开设的、全部资本由外国投资者投资的企业。其全部资本为外国投资者所有。外商独资企业是依据中国法律规定而建立的，具有中国的法人资格。

外商独资企业除土地外，所有技术、固定资产和流动资金等都归一个或若干个外国投资者所有，是拥有百分之百外国资本的经济实体。

外商独资企业因无所在国的合营者，在组织机构、经营管理、产品功效、财务处理等方面，与合资、合作企业相比，具有较大的独立自主权。外商投资者可以独立经营自身的业务，可以自主地决定企业的组织形式（如有限责任公司、股份有限公司和无限责任公司等），企业中一切重大问题在我国法律允许范围内全部由外国投资者自行决定。

独资企业的经营者独自承担企业经营的全部责任，包括盈亏和各种风险。一般独资企业的组织形式为有限责任公司，独资企业对债务所负担的责任，仅以其本身的资产总额为限，此外外资企业必须按规定缴足注册资本，并在经营期间不允许减少注册资本，以确保其真正负担起企业经营优劣的全部责任。

（3）中外合作经营企业亦称契约式合营企业，是指外国公司、企业和其他经济组织或个人，依据中国的法律，同中国的公司、企业或其他经济组织在中国境内共同投资或提供合作条件举办的企业。中外合作经营企业与中外合资经营企业的主要区别在于中外各方的投资一般不折价计算投资比例，利润也不按出资比例分配。各方的权利和义务，包括投资或提供合作条件、利润或产品的分配、风险和亏损的分担、经营管理的方式和合作终止时财产的归属等各项，都在合作各方签订的合同中确定。

由于中外合作经营方式是一种非股权形式合营企业，企业的经营、分配与控制权情况依据双方的合同决定，而合营双方合同内容依据不同企业的具体情况而各有不同，不具有普适性分析的基础，此外，中外合作经营企业在外国在华直接投资中的所占的比例很少，因而不是本书的考察重点。

（4）外商投资股份有限公司又称外商投资股份制企业，是指依据中国的《公司法》和其他有关法规设立，公司全部资本由等额股份构成，股东以其所认购的股份对公司承担责任，公司以全部财产对公司债务承担责任，中外股东共同持有公司股份，外国股东购买并持有的股份占公司注册资本25%以上的企业法人。

本书研究的主要对象是中外合资企业、外商独资企业和外商投资股份有限公司。从经济理论的角度来看，独资企业是指外国投资者拥有全部的企业股权，因此，可以把独资企业看做是外资拥有100%股权的合资企业，是合资企业的一种特殊形式。外商投资股份有限公司也是一种股权式经营方式，在中国境内目前数量较少，为了使分析简便起见，本书也把其纳入合资企业的范围。因此，本书中的合资企业概念是广义的，包括中外合资企业、外商独资企业和外商投资股份有限公司。

## 1.2.2 跨国公司

本书中跨国公司（Transnational Corporation，简称 TNC 或 Multinational Corporation，简称 MNC）的概念是依据 1986 年联合国跨国公司中心在《跨国公司行为守则草案》给跨国公司的定义："跨国公司是指由两个或多个国家的实体所组成的公营、私营或混合所有制企业。不论此等实体的法律形式和活动领域如何，该企业在一个决策体系下运营，通过一个或一个以上的决策中心得以具有吻合的政策和共同的战略：该企业中的各个实体通过所有权或其他方式结合在一起，从而其中一个或更多的实体得以对其他实体的活动施行有效的影响，特别是与别的实体共享知识、资源和责任。"联合国对于跨国公司的定义是广义的，基本上包含了所有进行跨国投资的企业。依据以上定义，本书中，在华投资的跨国公司是指所有在华投资的外国企业和港澳台企业。

## 1.2.3 契约

契约（Contracts）也称为合约、合同。就一般的意义上讲，契约是指在市场交易过程中，交易各方自愿、平等地达成的某种协定，表现出交易主体之间的权利让渡关系。现代经济学中的契约概念，较之于法律上所使用的契约概念更为广泛，实际上是将所有的市场交易都看做是一种契约关系，并将其作为经济分析的基本要素。契约可以是明示的，也可以是隐含的，包含着内在的制度安排和契约双方或各方之间的交易关系、权利义务。

企业的契约理论主要涉及委托代理理论、产权和团队生产理论、交易成本理论和不完全契约理论（新产权理论）。尽管研究的角度各有不同，但是上述理论都将企业看做有效率的契约实体（Efficient Contractu-al Entity）（Foss，1998）。① 在对于契约性质的观点上，委托代理理论将信息的不完全性和不对称性作为分析的约束条件，认为可以设计完全性的契约来解决信息的不完全问题，因而属于完全契约的理论范畴。交易成本理论和不完全契约理论认为由于存在经济行为人的有限理性或现实的不确定性等客观条件，导致了完全契约的不可设计，因而这两种理论都属于不完全契约理论的范畴。

在不完全契约条件的分析框架中，以威廉姆森（Williamson）为代表的交易成本理论虽然认为契约是不完全的，但是将交易作为其分析的基本单位，将研究重点放在了市场上的一体化（Integration）问题上，因而对于企业内部的关系，特别是对于企业内部的权力关系没有关注。以哈特（Hart）为代表的新产权学派将契约作为分析的重点，认为契约的不完全性导致了控制权的重要性，认为剩余控制权的配置是市场和企业制度中最关键的内容。因此形成了在不完全契约分析框架下研究控制权配置的前沿理论学派——不完全契约理论（The Theory of Incomplete Contract），因为这一学派认为剩余控制权天然来自于物质资产所有者，所以该理论又被称为"新产权理论"或"控制权理论"。本书中的契约观点来自于不完全契约理论，作为分析的基本单位也是立足于跨国公司在华直接投资所形成的契约关系，因此控制权问题也是本书的重点研究对象。

## 1.2.4 控制权

哈特（Hart）与格罗斯曼（Grossman）认为未来不可预期的或有事件会因为行为和环境的不确定性而无法由契约完全界定。交易的不可契约化可能带来事后机会主义以及相应的再谈判过程和利益分配问题，将影响交易主体事先的专用性投资。为了最大化不完全契约关系下的交易

① Foss, N. J., "The Theory of the Firm: an Introduction to Themes and Contributions", *Copenhagen Business School Working Paper*, 1998.

效率，产权安排，或者更确切地说是控制权分配是极为重要的。哈特等人把控制权分为特定控制权和剩余控制权，特定控制权是指在事先通过契约加以明确界定的控制权；剩余控制权是指那种在事先没有在契约中明确界定的控制权。哈特将所有权、企业的控制权等同于剩余控制权，即"剩余控制权就是资产所有者可以按任何不与先前的契约、惯例或法律相违背的方式决定资产所有用法的权利"（Grossman & Hart，1986）。在契约不完全的条件下，剩余控制权的配置是重要的，剩余控制权的事前安排决定着契约主体的谈判地位，它将影响事后契约准租金的分配。在本书中，关于控制权的分析框架建立在不完全契约的理论基础上，但是书中的控制权概念并不等同于剩余控制权，哈特的剩余控制权概念是来自于企业的物质产权，意即对于企业物质资产的控制能力，而在当今时代，科学技术知识等人力资本在生产经营中的地位日益重要，对企业物质资产的控制权并不能代表企业的实际控制权，用企业的物质所有权来定义企业的控制权已经不能反映现实社会经济发展的趋势。基于此，在书中的控制权概念上，笔者结合资源理论（Resource Based Theory）较为实际的观点，认为企业的控制权是对于企业关键资源的控制能力，关键性资源是指企业团队生产过程中不可或缺的资源，保持对于这类资源的控制就意味着其所有者不但被其他团队成员所依赖，而且还难以被替代，关键性资源可以是物质资产也可以是企业的人力资本。从本书所定义控制权的视角看企业的契约性质，企业就是人力资本和物质资本专业化投资的契约联结。控制权的配置决定了企业成员在企业中的地位。在本书的分析中，跨国公司由于掌握了合资企业的关键性资源，因而得到了超出其资产所有权范围的企业控制权，从而在企业的独资化进程中，占据了一定的主动性。

有效的控制权配置不但能够促进企业交易成本和生产成本的降低，也能够激励契约主体对于企业的专用性投资，进而促进企业效率的最大化。所以，控制权的配置是企业内部制度安排中最关键的内容之一。

## 1.2.5 效率

效率是经济学中非常重要的主题之一，评价一项经济活动或制度安排也常会用效率为标准。然而对于效率的看法，目前还没有一致的标准。通常有效率是指资源配置的最优或较优状态，新古典经济学把实现帕累托最优的经济活动视为有效率的，认为"效率是指最有效地使用社会资源以满足人类的愿望和需要，更准确地说，在不会使其他人的境况变坏的前提条件下，一项经济活动如果不再有可能增进任何人的经济福利，那么该经济活动就是有效率的"。① 新制度经济学改变了新古典经济学的经济学效率标准，制度分析认为帕累托最优的效率标准是同完全竞争的假想世界相联系，而现实世界并非假想的完全竞争。主观的帕累托最优条件在现实世界中是不能完全满足的。诺思从制度变迁的角度，提出了制度效率，即指在一种约束机制下，参与者的最大化行为将导致产出的增加；而无效率则是指参与者的最大化行为将不能导致产出的增长。② 产权理论认为制度的效率在于产出的最大化和尽可能降低交易成本，有效的产权配置是使产出最大化或降低交易成本，促进经济增长的关键。德·阿莱西（De Alessi, Louis, 1990）提出一个效率概念，他以"有约束的最大化"为标准，认为，现实世界所遇到的某些约束条件是不可避免的，效率必须反映在有约束的最优化问题上。③ 这种观点侧重于在有约束的现实条件中的最优化，是评价效率的一种比较客观的标准。新制度经济学认为制度变迁本身就是一个效率的改进过程。在本书中，跨国公司对于效率目标的追求包含三方面的含义：一是跨国公司对于制度环境约束条件的适应以及在约束条件下对于资源的适应性配置；

---

① ［美］保罗·萨缪尔森、威廉·诺德谊斯著，萧琛等译：《微观经济学》，华夏出版社 1999 年版，第 2 页。

② ［美］诺思著：《经济史中的结构与变迁》，上海三联书店、上海人民出版社 1991 年版，第 12 页。

③ 卢现祥著：《西方新制度经济学》，中国发展出版社 1996 年版，第 277 页。

二是跨国公司在一定条件约束下投资产出的绩效最大化；三是跨国公司对于自身战略目标的实现。在本书的分析框架中，跨国公司在华投资企业的产权变动就是一个效率的改进过程。

## 1.3 研究工具与方法

### 1.3.1 研究前提

本书设定跨国公司具有经济利益最大化的经济人特征，其在华投资是出于实现其战略目标和利润最大化的目的，在华的投资行为和经营行为遵从于其效率目标。跨国公司在华投资企业的股权安排是其获取控制权的基本方式，是跨国公司实现其战略目标的手段。

### 1.3.2 研究工具

在微观领域占据跨国公司理论主流地位的是交易成本理论和内部化理论，两者是相互交融的。交易成本理论认为经济行为人的有限理性引致了对所有未来事件的认知和预期困难，因此导致了完全契约的不可设计，又由于具有交易专用性的各种资产投资很难从交易的锁定效应中解脱出来，事后的机会主义会损害签约方的专用性投资，因此必须引进一体化的治理结构（企业）来解决市场交易中的矛盾冲突，避免事后机会主义给交易双方带来可能的损害。内部化理论以交易成本范式为框架，从组织的角度研究企业国际分工与生产，解释了国际直接投资的动机和跨国公司的内部化经营现象，认为内部化可以把资源转移的交易成本最小化；可以把相互依赖的经营活动置于统一的控制之下，从而协调其不同阶段的长期供需关系；消除买卖双方的不确定性，以企业内部化来取代市场，消除市场交易的不利影响。

用交易成本理论研究跨国公司的组织变化，是内部化理论的工具和核心，但是，交易成本理论的隐含前提就是企业内部并不存在行为的不确定性，一体化的企业组织可以消除机会主义的发生，当用交易成本理论范式来分析和解释合资企业独资化倾向的现象时，就会产生一定的问题，因为交易成本范式认为一体化的企业内部是不存在机会主义的，如果认为合资企业是真正的企业的话，就无法给出合资企业内部交易成本高于独资企业的合理解释，因此，交易成本理论和内部化理论只能把合资企业解释为是一种避免或减少不确定性的企业间合作机制，把合资企业看做是一个介于企业和市场之间的中间体（战略联盟）　（Kogut，1988）。① 这就否定了国际合资企业作为企业的本质特征，因此产生了理论上的弱点。我们认为，虽然内部化理论对于跨国公司在全球市场中内部一体化的组织形成具有较强的解释力，但是，这种以交易作为基本分析单位的框架，无法对于企业内部的组织和权利配置作更深入的分析。在企业内部，事实上存在着行为的不确定性，也存在着企业内部成员由于目标和利益引发的冲突，而控制权的合理配置能够减少契约内的机会主义行为，促进企业效率的增加。因此，本书尝试运用不完全契约理论作为研究工具，对于国际合资企业内部的合作与矛盾进行分析，探究近年来在我国出现的外商投资企业独资倾向的形成原因和机理。

## 1.3.3 研究思路与分析框架

笔者首先对于跨国公司直接投资理论进行评述，为分析跨国公司在华直接投资做好理论铺垫，然后通过不确定性与控制权的关系对于契约理论的发展和演进提出了控制权视角的理论综述，为论著的分析框架构建理论基础。在此基础上，对于跨国公司直接投资所产生的不同契约关系进行理论分析。本书通过构造一个具有所有权优势的跨国公司在新兴市场条件下的东道国进行跨国投资的行为模式的分析框架，以跨国公司

---

① Kogut，B.，"Joint Ventures：Theoretical and Empirical Perspectives"，*Strategic Manage*，1988，Vol. 9，pp. 319 – 332.

在华企业的控制权作为研究分析的主线，建立一个不完全契约下事前与事后两阶段理论模型。在模型中，跨国公司具有所有权优势特征，即具有资本、规模、技术、管理和市场优势。东道国以中国为蓝本，属于欠发达的新兴市场，市场机制和市场环境正在逐步转轨和改善。在这个理论分析框架内，在事前阶段，跨国公司对于进入模式的选择上，受到了进入时期中国的政治、经济因素和市场环境的影响，进入的所有权模式在一定制度约束下，是自身实力和风险均衡选择的结果。在事后阶段，笔者构筑了契约的再谈判过程，认为在华合资企业的股权结构变化是契约外部环境条件改变的前提下，跨国公司与合资伙伴实力均衡的改变造成的。根据理论研究的结果，本书采用陕西省外资企业年检财务数据，使用普通最小二乘法和加权最小二乘法等参数估计方法，对外资企业股权结构与企业绩效的关系进行多元回归检验，验证跨国公司的独资倾向对企业效率的促进作用。本书还对于在华外资企业的独资倾向所造成的实际影响进行分析，并提出相应的对策。最后，对全书的理论和实证研究进行总结并得出结论。

## 1.3.4 研究方法

（1）理论与实际相结合。在理论研究方面，本书借鉴国内外现有的研究成果，运用不完全契约理论作为主要理论工具，结合交易成本理论、资源理论以及有关国际直接投资理论，从微观角度研究在华外资企业的行为和结构，在注重理论分析的同时，与外国直接投资在我国的现实情况相结合，根据我国的实际情况分析在华外国投资企业独资倾向的原因，构成了结构—行为—绩效的分析范式。

（2）规范分析与实证分析相结合。本书从规范的角度研究跨国公司的行为变化，通过对于现有理论和研究成果的归纳和分析，运用逻辑推理得出相关结论。在理论研究的基础上，通过区域性的大样本数据进行实证研究，对理论结果进行验证。在实证研究中，假设的提出和相关实证模型的建立是理论研究和前人研究结果的逻辑推断，对于假设和模型的检验则是通过对于相关数据进行归纳和统计分析完成。

## 1.4 本书的结构与可能的创新

### 1.4.1 本书结构

第 1 章是本书的导论，主要介绍本书课题研究的意义和背景，在研究过程当中使用的分析方法与工具，以及结构安排等问题。

第 2 章是对本书涉及理论的一个回顾，首先对于跨国公司 FDI 理论进行了评述，然后通过不确定性与控制权的关系对于契约理论的发展和演进提出了控制权视角的理论综述，为本书的分析框架建立了理论基础。最后，对于在华外资企业独资化倾向的相关研究进行了评述。

第 3 章对于跨国公司直接投资的动因以及所产生的不同契约关系进行了理论分析，并对于合资企业与独资企业的不同特点进行了比较。

第 4 章建立了一个跨国公司进入模式选择的理论分析模型，并以此研究跨国公司对华投资时影响其股权选择的因素，并对从改革开放以来在华直接投资由合资形式主导向独资形式主导转变的原因进行了研究。

第 5 章探讨了合资企业内部的产权关系，从所有权与控制权的角度对于合资企业的组织结构和治理结构进行了分析，从对于合资企业关键性资源的控制能力来理解跨国公司对于在华合资企业的控制权。

第 6 章分析了中外合资企业内部存在的矛盾冲突，指出合资企业的不稳定性，通过构造合资契约事后的再谈判理论模型，分析了跨国公司为解决内部可能的冲突和获得更多的收益，在外界约束条件逐渐放松的情况下，通过增资扩股等形式来进行独资化经营的倾向。

第 7 章通过陕西省 2005 年度外商投资企业的年检数据，设计了多解释变量控制的多元回归模型，研究了外资企业独资倾向与企业绩效之间的线性相关关系，验证了外资独资倾向对于企业效率的正向促进作用，为本书的理论分析提供了实证支持。

第8章根据理论研究和实证研究得出的结果，对于外资在华企业的独资倾向所带来的正面和负面的影响进行了分析，并提出了相应的对策。

第9章提出了本书分析和研究的结论，并指出了本书的不足和需要进一步研究的方面。

本书研究框架的结构见图1.2。

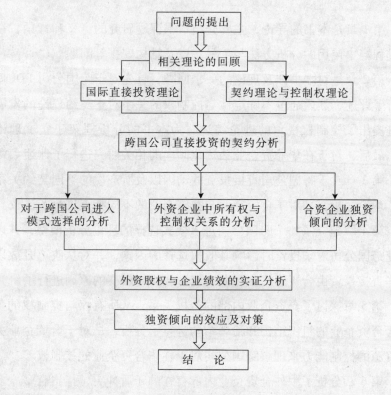

**图1.2　全书结构**

## 1.4.2　本书可能的创新

在理论研究方面，本书可能有以下创新：

（1）指出在跨国公司组织理论中占据主流地位的交易成本理论和内部化理论的缺陷，用不完全契约理论作为分析框架，以控制权作为理论研究分析的主线，研究市场经济转轨过程中出现的在华外资企业独资化倾向这一独特现象。认为跨国公司这一倾向是出于对企业效率的追求。

（2）构造了不完全契约的事前和事后两阶段理论分析模型，将不确定性作为分析的前提，用事前分析来研究跨国公司新建投资的独资化现象，用事后再谈判的模型分析跨国公司在华合资企业的独资化行为，取得了理论分析的一致性效果。

（3）本书在不完全契约的理论基础上，对于控制权的概念进行了拓展，将人力资本因素加入控制权的范畴和来源。提出了控制权是对于企业关键性资源的控制能力的观点，认为关键性资源是指企业团队生产过程中不可或缺的资源，跨国公司保持对于这类资源的控制就意味着跨国公司实际上掌握了合资企业的控制权，被中国合作伙伴所依赖，而且由于控制了合资企业的关键性资源，跨国公司实际上获得了超出其股权比例的控制能力，解释了在华合资企业控制权配置的实际情况。

在实证研究方面，本书可能有以下创新：

（1）国内目前相关研究多集中于定性分析，定量研究为数较少。本书使用区域性、大样本横截面财务数据对于外资股权比例与合资企业绩效的线性相关关系进行了多元回归分析，得出了外资股权比例与合资企业绩效具有正相关作用的结论，验证了跨国公司独资倾向是通过掌握企业控制权以追求企业效率的理论观点。

（2）在计量模型中考虑了企业财务杠杆因素、企业规模因素以及行业因素对于企业绩效的影响，将外资股权变量与其他对于企业绩效构成影响的因素共同分析，提高了计量模型的综合解释能力。本书分别采用普通最小二乘法和加权最小二乘法等参数估计方法，排除了横截面数据存在的异方差性影响，确保了分析结果的可信度和科学性。

# 2  相关理论回顾与综述

## 2.1  国际直接投资理论（FDI 理论）的回顾

国际投资是国际货币资本及国际产业资本跨国运动的一种形式，是将资本从一个国家或地区投向另一个国家或地区的经济活动。国际直接投资指的是以控制国（境）外企业的经营管理权为核心的对外投资。国际直接投资又称外国直接投资（Foreign Direct Investment 缩写为FDI）。国际直接投资不是单纯的资金外投，而是资金、技术、经营管理的综合体由投资国向东道国特定的产业部门的转移，并以取得该企业的全部或部分控制权为核心，以获取企业利润为主要目的的资本对外投入。根据国际货币基金组织的解释，这种控制权是指投资者拥有一定数量的股份，因而能行使表决权并在企业的经营决策和管理中享有发言权。[①] 国际直接投资按其资本构成可以分为两类：单一资本方式和联合资本方式。在东道国设立分公司或受母公司控制的子公司的称为单一资本方式，外商独资企业属于这种方式。联合资本方式包括股权式合营企业和契约式合作企业，它们都与东道国企业共同投资、共享利益。

## 2.1.1  完全竞争条件下的对外投资

从亚当·斯密的绝对成本学说开始，李嘉图的比较成本学说直到赫

---

① 卢进勇、杜奇华著：《国际经济合作理论与实务》，中国时代经济出版社 2004 年版，第 43 页。

克歇尔—俄林的要素禀赋论，都是以市场的完全竞争、充分信息条件和生产要素在国际间不能直接流动为假设前提的，在新古典的赫克歇尔—俄林（Heckscher – Ohlin，简称 H – O 理论）模型中，全球福利最大化是由建立在比较优势基础上的国际分工体系决定的，而比较优势又由不同国家的要素禀赋决定，在完全竞争和自由贸易的条件下，福利最大化总可以通过竞争达到，不需要其他形式的国际经济活动，因而国际直接投资是不可能存在的。

萨缪尔森（P. A. Samuelson）在 H – O 理论基础上引进了要素价格均等化概念，丰富了新古典国际贸易理论的解释内容，成为 H – O – S 理论模型。萨缪尔森认为，生产要素可以在两国之间流动，且存在着运输成本、关税等贸易限制，世界经济系统的其他部分仍必须是完全竞争的，这样，作为对要素价格差别做出的反应，生产要素就会在国际间实行转移。如果流动的生产要素是生产资本，则资本的国际流动可部分替代贸易壁垒所阻碍的国际贸易，这样就为资本的国际流动提供了理论基础。

在 H – O – S 理论基础上，Macdougall（1960）提出了国际投资利益分配模型，对国际投资现象进行了解释。① 该模型经肯普（Kemp，1961，1964）的进一步完善，发展成为一个较系统的理论。该理论假定世界经济是完全竞争的，资本在国际间可以自由流动，此时，由于资本利润率的不同，资本就会从利润率低的国家向利润率高的国家流动，最终导致资本利润率和边际产出率的国际均衡。该理论没有区分对外直接投资与对外间接投资的差别，把对外投资仅看做是单纯金融资本流动，没有认识到对外直接投资所包含的技术、管理等生产要素的一揽子移动。

传统的国际资本流动理论假定：各国产品和生产要素市场是完全竞争的市场（即市场具有效率、信息不产生成本、没有贸易障碍、公平竞

---

① Macdougall，G. D. A.，"The Benefits and Costs of Private Investment from Abroad：A Theoretical Approach"，*Econ Record*，1960，36（March）.

争等），各国生产要素的边际产值或价格由各国生产要素禀赋的相对差异决定。资本会从资本供给丰裕且利率低的国家流向资本供给稀缺且利率高的国家。国际资本流动的根本原因在于各国利率的差异。在完全竞争的条件下，并不存在对外直接投资的理由和解释，因为在完全竞争的理想状态里，企业不具有支配市场和控制市场的力量和动力，因而不需要对外直接投资，因为跨国直接投资并不会给投资企业带来优势和效益。因而传统的投资贸易理论无法解释对外直接投资的现象。

## 2.1.2　市场的不完全性——垄断优势理论

1960 年，美国学者海默（Hymer, S., 1960）修改了传统理论完全竞争的前提，提出了市场不完全性的前提和企业特定优势的重要概念。他在其博士学位论文《国内企业的国际经营：关于对外直接投资的研究》中，首次提出了垄断优势理论。① 其理论后经其导师金德尔伯格（Charles P. Kindleberger）等学者的补充，发展成为研究国际直接投资最早的、最有影响的经典理论，被称为海—金传统理论（Hymer – Kindleberber Tradition），或称为垄断优势理论。②

海默认为，必须放弃对传统国际资本流动理论中关于完全竞争的假设，从不完全竞争来进行研究。所谓不完全竞争，是指由于规模经济、技术垄断、商标、产品差别以及由于政府课税、关税等限制性措施引起的偏离完全竞争的一种市场结构，寡占是不完全竞争的主要形式。正是垄断优势构成了企业对外直接投资的决定因素。

在海—金理论中，海默指出了直接投资与证券投资的根本区别，认为直接投资的最主要特点是与控制权紧密联系。③ 他强调拥有或获得金

---

① Hymer, S., *International Operation of National Firms: A Study of Direct Foreign Investment*, MIT Press, 1976.

② Kindleberger, Charles P., "Monopolistic Theory of Direct Foreign Investment", in George Modelski ed., *Transnational Corporation and World Orders: Readings in International Political Economy*, 1975.

③ 参见刘海云著：《跨国公司经营优势变迁》，中国发展出版社 2001 年版，第 26 页。

融资本的有利条件并不是直接投资的充分条件，而跨国公司利用市场不完全性所产生的企业特定优势（Firm – Specific – Advantages）对海外业务进行控制，以抵消当地企业的优势而获得足够的回报才是企业对外直接投资的根本原因。

海默和金德尔伯格从实证研究美国跨国公司入手，研究了美国企业对外直接投资的工业部门的构成，发现直接投资与垄断的工业部门结构有关。海默提出了产生对外投资的两个充分条件：①企业要进行对外直接投资，必须具备某些特定优势（垄断优势）。垄断优势来自以下几方面：一是来自产品市场不完全的优势，如产品差别、商标、销售技术与操纵价格等；二是来自生产要素市场不完全的优势，包括专利与技术诀窍、资金获得条件的优惠、管理技能等；三是企业拥有的内外部规模经济。②企业要进行对外直接投资，则位于不同国家的企业收益必须具有负的相关性，即国际间的相互影响具有负相关性，认为区域的多元化是对外直接投资的一个重要动机。在两个条件中，企业具有特定垄断优势最重要，而垄断优势具有双重作用：一是可作为一种行业进入障碍，二是可以作为产生收益的所有权特定优势。

海默认为进行国际直接投资的跨国公司所必须拥有的垄断优势包括：①技术优势，即拥有先进技术，是跨国公司最重要的优势，大型跨国公司拥有很强的科研力量，并投入巨额资金开发新技术，与单纯的技术转让相比，跨国公司更倾向于将拥有的先进技术内部化使用，以保持垄断地位并获得最大利润。②先进的管理经验，即具有管理优势。由于跨国公司在长期的生产经营过程中总结出了一整套的先进管理经验，对生产经营活动实行高效率的管理与控制，因而具有管理的优势。③雄厚的资金优势，即大型跨国公司具有雄厚的资金实力。④信息，即大型跨国公司拥有先进的信息网络系统，分支机构遍布世界各地，信息灵通，决策反应较快。⑤声誉，跨国公司具有国际声望，具有知名度优势，因而其商品较易打入国际市场。⑥销售，即在销售成本和速度方面占有优势。跨国公司因为具有自己的销售系统，且与国际包销商有长期而固定的业务联系，因而在销售成本和速度上占有优势。⑦规模经济，即具有规模优势。一般来讲，企业生产规模越大，越具有规模经济优势。跨国公司可以利用各国生产要素的差异，通过横向联合取得内部规模经济的优势，通过纵向联合取得外部规模经济的优势，并使之转化为公司内部的利润。

企业特定优势（垄断优势）是海—金理论的核心内容，然而，对于这种优势的本质和构成，海默并没有进行深入的研究，而是由后来的学者研究并不断完善的。虽然研究的侧重点不同，但这些研究的共同出发点是，利用外部市场不完全性所形成的不同优势，是促进对外直接投资的动因。

约翰逊（H. G. Johnson）在继承了海默和金德尔伯格的理论基础上进一步研究了跨国公司所拥有的垄断优势，他在 1970 年发表的论文《国际公司的效率和福利意义》中指出"知识的转移是直接投资过程的关键"，认为对知识资产如技术、诀窍、管理与组织技能、销售技能等无形资产的占有是跨国公司垄断优势的来源。知识资产的特点是生产成本很高，但是供给富有弹性，可以在若干地点同时使用。在直接投资中，子公司可以以较低的成本利用总公司的知识资产，创造更高利润，而当地企业为获取同类知识则要付出全部成本，则不具备这种优势。

卡夫斯（R. E. Caves, 1971, 1982）认为，跨国公司拥有的垄断优势主要体现在利用其技术优势使产品发生异质化，既包括质量、包装及外形等实物形态的差异，也包括商标、品牌等消费者心理感受的差异。产品的异质化使得跨国公司保持了产品市场的不完全竞争和其垄断优势。① 另外，卡夫斯提出核心资产优势的特定优势理论，认为核心资产就是在给定条件下，使企业能够生产更好更便宜的产品；或在给定产出的条件下使企业比竞争对手生产出成本更低的产品的技术和知识，在内容上核心资产包括工艺或设计专利、专有技术、商标和牌号、市场营销

① Caves, R. E., "International Corporation: The Industrial Economics of Foreign Investment", *Economics*, 1971, 38（February）, p. 5.

技巧以及使产品差异化的能力等。① 卡夫斯强调使产品形成差异化能力的重要性，认为具有这种能力的企业，能够生产和设计出与众不同的产品，并能运用强有力的促销手段使消费者认识并愿意购买其产品。在市场失效的情况下，这正是企业对外投资的真正优势所在。

尼克博格（Frederick T. Knickerbocker，1973）从寡占反应论的角度对垄断优势论作了重要补充，进一步发展了跨国公司的寡占反应行为模式。他指出，寡占反应行为是导致第二次世界大战后美国跨国公司对外直接投资的主要原因，他将对外直接投资划分为两大类：一类是进攻性投资，是指在国外建立第一家子公司的寡头公司所进行的投资，一般来说要承担很大的风险；另一类是指防御性投资，是指同行业的其他寡头公司追随进攻性投资，在同一地点进行的投资。这种投资比进攻性投资的风险要小。国际直接投资在很大程度上取决于主要竞争者之间的相互约束与反应。寡头企业把相互追随进入新的国外市场作为一种防御性战略，一旦有一个寡头到国外建立制造业子公司，其他寡头就会追随而至，以抵消领先者可能得到的任何优势，从而保持市场均势。②

垄断优势理论把直接投资理论从传统贸易和投资理论转移到跨国公司的分析上，其关于市场不完全和企业特定优势的观点，开创了国际直接投资理论的新思路，从而将国际直接投资理论与国际贸易理论和国际资本流动理论独立开来，较好地解释了第二次世界大战后一段时期美国大规模对外直接投资的行为，对后来的理论研究产生了重大影响。

## 2.1.3 产品生命周期理论

自海默的垄断优势理论之后，美国经济学家弗农（Raymond Vernon，1966）认为对外直接投资和跨国化是产品或产业生命周期特定阶

---

① Caves，R. E.，*Multinational Corporation and Economic Analysis*，Cambridge University Press，1982，p. 3.

② Knickerbocker，F. T.，*Oligopolistic Reaction and the Multinational Enterprise*，Harvard University Press，Cambridge M. A.，1973.

段演进的结果。他从动态上分析企业从事国际直接投资活动与产品生命周期之间的内在关系。弗农把产品生命周期划分为三个阶段，即新产品阶段、成熟产品阶段和标准化产品阶段。并相继分析了不同阶段产品供给和需求特点、资源和市场的要求，以及相应的贸易和对外直接投资流动模式。① 根据产品生命周期理论，企业从事对外直接投资是遵循产品生命周期即产生（创新）、成熟、下降（标准化生产）的一个必然结果。假定将世界上所有的国家划分为三类，新产品的发明国被称为发达国家，发展程度略低一点的国家称为较发达国家，落后国家称为发展中国家，根据这一理论，新产品随其产生、成熟到下降将在这三类国家进行转移。弗农认为，在新产品阶段，由于前期高研发投入和高生产成本，产品生产也尚未标准化，消费群体主要为高收入的美国消费者。在该阶段生产一般集中在美国国内，并部分出口满足其他发达国家的消费需求。由于此时新产品的非标准化性，从而限定了生产者的生产区位的选择。在产品成熟阶段，对产品需求增加，产品逐渐标准化，企业的技术垄断地位和寡占市场结构被削弱，价格因素在竞争中的作用增强。由于产品基本定型，仿制增加，加上西欧国家市场扩大，劳动力成本低于美国，以及关税和运输成本的不利影响，导致美国对西欧国家直接投资，以就近占领当地市场并出口发展中国家。在产品标准化阶段，产品的生产技术、规模及样式等都已经完全标准化，产品的生产技术和知识已经在国际范围内扩散，企业的垄断优势不复存在。产品的成本与价格因素更为重要，发展中国家的低成本优势凸显，成为跨国公司对外直接投资的最佳生产区域，其产品可供应本国和其他国家市场，生产者大规模投资于具有低成本优势的发展中国家便成为事实。发达国家的跨国公司将遵循以上产品生命周期的动态过程，逐步向发达国家和发展中国家扩张，发展对外直接投资。弗农认为，一种产品在发展中国家的生命周期与在发达国家的生命周期相比要滞后一到两个阶段。

---

① Vernon, Raymond, "International Investment and International Trade in the Product Cycle", *Quarterly Journal of Economics*, 1966, May, Vol. 80: pp. 190 – 207.

1974 年，弗农引入国际寡占行为来修正其产品生命周期理论，将产品周期重新划分为"以创新为基础的寡占"、"成熟的寡占"和"老化的寡占"三个阶段。在各个阶段中，跨国公司根据不同类型的进入壁垒来建立和维持其垄断地位，进入壁垒对跨国公司的区位选择具有重要意义。[①]

弗农认为劳动力成本、信息成本等是影响跨国公司海外选址的最重要因素，他将时间变量引入直接投资的动态分析中，较好地解释了第二次世界大战后到 20 世纪 70 年代，美国企业在西欧和其他国家直接投资的动机。从动态角度揭示了对外直接投资的形成过程，实现了研究方法的创新。此外，其模型中关于区位因素的考察也为其他理论奠定了基础。

## 2.1.4 比较优势理论

日本学者小岛清（Kiyoshi Kojima，1978，1982，1985）从传统国际分工的比较优势出发，将国际贸易理论与国际直接投资理论相结合，提出比较优势投资理论，又称为边际产业扩张理论。[②] 这是一种利用国际分工的比较优势原理，分析和解释日本型对外直接投资的理论模型，称为"小岛清模式"。小岛清认为，垄断优势理论是从微观经济出发，强调跨国公司的作用，重视寡占反应行为对跨国公司直接投资行为的影响，而完全忽视了宏观经济因素分析，尤其是忽略了国际分工原则的作用。如果对外直接投资遵循按比较有优势形成分工的原则，从投资国的边际产业，即已处于或将处于比较劣势的产业依次进行，其结果对投资

---

[①] Vernon, Raymond, "The Location of Economic Activity", in John H. Dunning (ed.), *Economic Analysis and the Multinational Enterprises*, London: Allen and Uniwen, 1974.

[②] Kojima, Kiyoshi, *Direct Foreign Investment: A Japanese Model of Multinational Business Operation*, London: Croom Helm, 1978. Kojima, Kiyoshi, "Macroeconomic Versus International Business Approach to Foreign Direct Investment", *Hitosubashi Journal of Economics*, No. 23, 1982. Kojima, Kiyoshi, "Japanese and American Direct Investment in Asia: A Comparative Analysis", *Hitosubashi Journal of Economics*, No. 26, 1985.

和被投资国都有利。对外直接投资应该从本国（投资国）已经处于或即将处于比较劣势的产业（称为"边际产业"）依次转移到别的国家，而这些产业又是东道国具有明显或潜在的比较优势的部门，如果没有外来的资金、技术和管理经验，东道国这些优势就不能被利用。这样，投资国对外直接投资就可以充分利用东道国的比较优势并扩大两国的贸易。

小岛清着重比较了典型的美国型对外直接投资与日本型对外直接投资，认为美国的对外直接投资是"贸易替代型"的，即以投资代替贸易（出口），从而使美国出现贸易逆差，使（经济）产业结构不合理。而日本型对外直接投资则正相反，大多属于贸易创造性，即对外直接投资不仅没有取代国内同类产品的出口，反而开辟了新的市场，并带动了相关产品的出口。由于日本型对外直接投资遵循了比较利益的原则，从而将对外直接投资和出口贸易很好地结合了起来。

小岛清指出，日本对外投资的重要目标是在国外开发以供日本进口的产品，日本对发展中国家的直接投资要按照比较成本及其变动依次进行（以技术差距小、容易转移的技术开始依次推移），主要是绕开贸易壁垒，容易被对方消化接受。日本对外投资应以合营为主，以中小型企业为主，这样容易取得东道国政府的支持。

小岛清从宏观经济的角度，将贸易区分为顺贸易导向型（或贸易创造型）和逆贸易导向型（或贸易替代型），与前人的直接投资理论有较大的不同，因而独具特色。该理论解释了 20 世纪六七十年代日本的对外直接投资的特点，这一时期以资源导向型、劳动力成本导向型和市场导向型直接投资占主导，也说明了在亚洲出现的以日本—"四小龙"—东盟—中国—越南等为顺序的直接投资与产业结构调整，即所谓的"雁行模式"。①

---

① 逄增辉：《国际直接投资理论的发展与演变》，载《经济评论》2004 年第 1 期。

## 2.1.5 内部化理论

内部化的理论思想来自于科斯，科斯在其著名的《企业的性质》一文中就提出内部化理论思想，他认为任何企业在市场机制下活动，就会发生交易成本，而企业的内部组织是一种低交易成本的有效的生产联系方式，当市场交易的成本高于企业内部协调成本时，企业内部交易活动将取代外部市场交易活动。

1977 年，钱德勒在其著名的《看不见的手——美国企业的管理革命》一书中，从交易成本的角度对于企业的内部化趋势进行了解释。他认为，当管理上的协调比市场机制的协调能带来更大的生产力、较低的成本和较高的利润时，大型的工商企业就会取代传统的小公司，把以前几个经济单位进行的活动及其相互交易内部化。这种内部化给扩大的企业带来了更多的好处，它所造成的节约，要比单纯降低信息和交易成本所造成的节约大得多。

交易成本经济学对于企业一体化或内部化的研究是全面和具体的，形成了以交易成本理论为基础的分析框架，威廉姆森（1975，1985）是内部化理论的奠基人，他指出通过内部化和一体化，企业能够化解契约的不完全性所带来的交易不确定性，另外，通过创造一个内部市场，也能减少企业内部控制的损失。由于环境的不确定性和交易对象的行为的不确定性——机会主义，外部市场的交易成本将会很高，这样就必须通过内部化建立企业的内部市场来化解风险，降低交易成本。威廉姆森的论述全面解释了大型企业的成长，把这些思想应用于对外直接投资理论和跨国公司理论的是英国学者巴克利（P. J. Buckley）和卡森（M. Casson）① 以及加拿大的鲁格曼（A. M. Rugman）②。巴克利等人认

① Buckley, P. and M., Casson, *The Future of the Multinational Enterprises*, London：Macmillan, 1976, p. 69.

② Rugman, A. M., *Inside the Multinationals：The Economics of International Markets*, London：Croom Helm, 1981, p. 28.

为，市场不完全的原因并非仅是规模经济、寡占或关税壁垒，更重要的是市场失效和某些产品的特殊性或垄断势力的存在。公司在其经营活动中，面临各种市场障碍。为了克服外部市场障碍或弥补市场机制的内在缺陷，保障自己的经济利益，就将交易改在公司所属各个企业之间进行，从而形成一个内部化市场。当内部化过程超越了国界，跨国公司便产生了。因此，出于内部化的动机，促使企业对外直接投资。

该理论将重点放在知识资产等中间产品市场上，而不是最终产品市场上。他们认为，内部化意愿取决于四种决定因素：一是国家特定因素，即国家的政治、金融制度等；二是地区特定因素，即地理上距离、文化、差异、社会特点等；三是行业特定因素，它与产品特点、外部市场结构和规模经济有关；四是企业特定因素，即组织结构、管理控制、知识和能力等。这四种因素中，行业特定因素最为关键，其中知识资产又最为重要。因为，首先，知识资产（包括信息、知识、技术、商誉等）属中间产品，其市场是不完全的，或是知识产品市场失效，其供求在外部市场上，由于买方缺乏认识而与卖方出现诸如性质、价值等方面的不均等，从而引起买方的不确定性，买方不愿意出合理的价格，买卖双方很难协调一致而往往产生剧烈波动，因而要克服这种不完全性就必须内部化。其次，知识提供垄断，如果要使买方确信这些产品的价值，那就必须让买方更多甚至非常详细地了解这些产品，这样违背了知识产品需要严格保密的原则，企业利用自己的差别性定价要比通过发放许可证能更好地利用这些产权知识。跨国公司为避免外部化市场销售知识产权而引起的优势散失风险，便组成自己的内部化市场，使企业内跨国界的生产组织、资源调配和内部定价相互依赖，结成一体，发挥整体功能，使跨国公司获取更高的收益。最后，知识产品的形成需要长期的研究与开发努力，在知识成果转化为实际生产力之前，如果企业打算出售这种知识，则很难估计和确定价值，而这个问题却可以通过公司内部的转移价格得到解决。如果跨国公司在所有可能的市场上开发并利用知识优势，并使利用知识的收益保持在企业内部，就可以补偿创造知识所花费的成本。因此鲁格曼指出，内部化就是"把市场建立在公司内部的过程，以内部市场取代原来的外部市场，公司内部的调拨价格起着润滑内部市场的作用，使它能像固定的外部市场一样有效地发挥作用"。当企业的内部市场跨越了国界，就形成了跨国公司。

内部化的实现条件是其边际收益等于边际成本。内部化可以为跨国公司带来多方面的收益，包括：通过内部市场，可以把资源转移的交易成本最小化；可以把相互依赖的经营活动置于统一的控制之下，从而协调其不同阶段的长期供需关系；消除买卖双方的不确定性，消除市场的不利影响；通过前后向投资或兼并，充分利用中间产品市场的势力，形成垄断优势；通过对有形产品和无形产品的转移价格，规避政府的干预，转移资金，逃避税负。

内部化的成本包括：一是规模经济成本，内部化将完整的市场划分为若干独立的内部市场，企业无法实现最优规模经济；二是管理成本，企业为提高企业内部的效率需要增加监督和激励投入，由地理和人文差距而引起的交通、通讯、语言、社会经济等会造成成本增加；三是国际风险成本，跨国公司对国外市场的垄断和对当地企业的控制会引发东道国采取歧视性政策，因此会造成成本负担。

建立在交易成本学说基础之上的内部化理论对跨国公司的形成发展过程提供了解释。该理论是对外直接投资和跨国公司理论研究的重要里程碑，它以交易成本范式为框架，从组织的角度研究企业国际分工与生产，分析了跨国公司的性质与起源，能够解释大部分的国际直接投资的动机和跨国公司的许多经营现象，因此被视为跨国公司长期性的一般理论。

## 2.1.6 国际生产折衷理论（OIL 理论）

国际生产折衷理论又称国际生产综合理论，是由英国经济学家邓宁（John H. Dunning）在 20 世纪 70 年代系统提出来的。他运用综合的方法对他之前的各种对外直接投资理论进行了比较和概括，于 1976 年发表了其代表作《贸易、经济活动的区位与多国企业：折衷理论探索》，提出在研究跨国公司国际生产活动中，应当吸收区位理论，并融入俄林的要素禀赋论和巴克利、卡森的内部化理论，形成了其国际生产折衷理论。① 1981 年，邓宁出版了《国际生产与多国企业》一书，进一步系统化地修正了其理论。②

折衷理论认为，企业从事国际直接投资是由该企业自身拥有的所有权优势、内部化优势和区位优势三大因素综合作用的结果，这就是跨国公司直接投资的所谓 OIL（Ownership – Internalization – Location）模式。

所有权优势（Ownership Specific Advantage）是指一国企业拥有或能够获得的、国外企业所没有或无法获得的资产及其所有权。包括两种：资产性所有权优势，指对有价值资产（原材料、先进生产技术等）的拥有或独占；交易性所有权优势，指企业拥有的无形资产（技术、信息、管理、营销、品牌、商誉等）。在这一方面，邓宁是吸收了垄断优势理论的观点，然而，邓宁更为强调的是知识资产这类无形资产的优势。企业拥有所有权优势的大小直接决定了其从事国际直接投资的能力。

内部化优势（Internalization Advantage）是指跨国公司将其所拥有的资产加以内部化使用而带来的优势。在这一方面，邓宁吸收了英国学者巴克利和卡森的等人的观点，他认为，外部市场的不完全性会使企业的所有权优势丧失或无法发挥，外部市场的不完全性包括结构性的市场不完全性（如竞争壁垒、政府干预等）和自然性的市场不完全性（如知识市场的信息不对称性和高交易成本等）。企业通过内部化可以使其优势获得最大收益。

国际区位优势（Locational Advantage）是指跨国公司在投资区位上所具有的选择优势。包括东道国的地理位置、生产要素的相对价格、现实的与潜在的市场需求、运输与通信成本、基础设施、市场体系的发育

---

① Dunning,J. H., *Trade,Location of Economic Activity and the Multinational Enterprise：A Search for an Eclectic Approach*, First Published in B. Ohlin Per Ove Hesselborn and Per Magnus Wijkman ed., *The International Allocation of Economic Activity*, London：Macmillan,1976.

② Dunning,J. H., *International Production and the Multinational Enterprises*, Allen & Unwin, 1981.

程度、政府的调节与干预程度、优惠政策、文化差距等等。区位优势包括：直接区位优势和间接区位优势。直接区位优势是指东道国的某些有利因素所形成的区位优势。例如，广阔的产品销售市场、政府的各种优惠的投资政策、低廉的生产要素成本、当地原材料的可供性、良好的基础设施等等。间接区位优势是指投资国某些不利因素所形成的区位优势，如过高的商品出口费用、自然资源缺乏、较高的生产要素成本。当东道国的区位优势较大时，企业就会从事国际生产。邓宁认为，区位优势不仅决定着企业从事国际生产的倾向，也决定着企业国际直接投资的部门结构和国际生产类型。

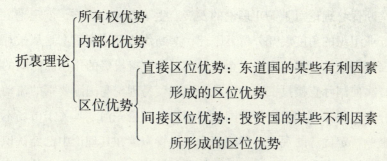

**图 2.1　折衷理论结构**

折衷理论并非是对以往国际直接投资理论的简单总结归纳，而是从跨国公司国际生产这个高度，讨论所有权优势、内部化优势和区位优势三组变量对国际直接投资的作用。这三组变量的不同组合决定了企业从事出口、特许权转让还是对外直接投资。

**表 2.1　可选择的国际经济活动方式**

| 经济活动方式 | 所有权优势 | 内部化优势 | （国家）区位优势 |
| --- | --- | --- | --- |
| 直接投资 | √ | √ | √ |
| 出口销售 | √ | √ | × |
| 许可经营 | √ | × | × |

资料来源：Dunning, J. H., *International Production and the Multinational Enterprises*, London：Allen & Unwin, 1981, p. 111。

折衷理论对其他各种直接投资理论具有高度的兼容性和概括性，形成了对于国际直接投资现象和跨国公司行为的一个综合理论分析框架，广泛的涵盖了各种跨国经营活动，其适用性不仅可以用于分析发达国家的跨国投资行为，也可以用于分析发展中国家的对外投资，因此，OIL范式被学术界成为国际直接投资理论的通论。

## 2.1.7 国际直接投资理论的简要评述

垄断优势理论对于FDI理论的发展产生了巨大的影响，该理论主要是从产业组织的角度展开分析，因此，垄断优势理论实质上是从微观的角度强调企业的市场控制力对企业发展对外直接投资的作用。海默的理论第一次使国际直接投资理论独立于国际贸易理论与国际要素的流动理论，开创了国际直接投资与跨国公司理论的理论先河，其关于市场不完全和企业特定优势的观点，影响深远。尽管海默在其理论中已经认识到不完全市场中内部化的重要意义，但是却没能全面揭示市场失效的实质和产生垄断优势下直接投资的原因，虽然垄断优势论可以解释美国式的制造业对外直接投资，但不能够解释日本式与发展中国家的迅速增长的对外直接投资，导致了理论发展的局限性。

与垄断优势理论不同，产品生命周期理论认为FDI和跨国化是产品或产业生命周期特定阶段演进的结果。它用产品性质的时间序列分析来说明国际直接投资的动机、时机与区位选择。与垄断优势理论相同之处在于，其结论都是在实证研究美国跨国公司对外直接投资行为的基础上得出的。较好的解释了美国第二次世界大战后大规模的FDI原因。产品生命周期理论既是一种国际直接投资理论，又是一种国际贸易理论，它将FDI理论和对外贸易理论有机地结合起来，给后来的国际生产折衷理论以有益的启示。对于FDI的动态分析和时间因素的研究是该理论的重要特点。由于它没有很好地解释发达国家之间的双向直接投资，也不能很好地解释发展中国家的对外直接投资，此外，也不能说明企业在国外直接研发新产品和组织生产的现象，造成了其理论的缺陷。

比较优势理论由于其立足于日本对外直接投资模式，并对于美国对外直接投资模式进行了比较和评价，因而独具特点。但是，由于其理论分析中只设置了美国型和日本型两种模式，其普适性受到了一定的质疑。由于该理论建立在静态的贸易理论框架上，并基于市场完全性的假定，同时也缺少对于企业投资行为动机的微观分析，从而产生了一定的理论局限。

内部化理论沿袭了垄断优势理论的不完全竞争的假定，但对其给予了新的解释，认为市场的不完全，原因在于市场机制的内在缺陷，内部化理论从中间品的性质和市场机制的矛盾来说明内部化的必要性，而内部化的目标就是要消除外部市场的不完全，市场内部化、市场失效和交易成本是内部化理论的三个基本概念。内部化理论将交易成本分析引入对于 FDI 行为特别是跨国企业的组织与行为分析，开创了 FDI 理论的新局面并成为主流学派的核心理论，具有广阔的发展和应用前景。内部化理论也具有一定的局限，如克莱格（Clegg，1987）指出，内部化理论没有解释对外直接投资产生的方向，其理论框架不适于短期的投资行为分析，特别是不适于解释较小规模企业在一个或两个国家的 FDI 活动，另外，内部化理论也没有能揭示内部化产生的方向。[①]

国际生产折衷理论高度综合和概括了已有 FDI 理论的优点和长处，具有较强的解释性和适用性，是被人们广为接受的综合型国际生产模式分析方法。但是折衷范式也存在一定的缺陷，其分析的三个优势因素往往是相互联系和重叠的，经常对于要素分析的方法形成障碍。此外，折衷理论也无法解释部分国家在尚未同时具备三种优势的情况下对外直接投资的现象，没有涉及社会经济关系和第二次世界大战后国际政治经济环境的重大变化。这些缺陷，在一定程度上限制了折衷范式的解释力。

---

① 参见刘海云著：《跨国公司经营优势变迁》，中国发展出版社 2001 年版，第 37 页。

# 2.2 关于契约和控制权理论的回顾和综述

## 2.2.1 契约分析的视角

在新古典经济学的分析框架内，企业是一种可行的生产计划集，新古典产业组织理论从技术的角度，运用边际分析的方法把企业当成行为方式与消费者完全一致的生产者来研究，企业的行为被抽象为在技术、市场和经济约束条件下使利润最大化或成本最小化的计划形式。企业也仅仅是一般均衡理论中的一种最佳投入产出形式，借助竞争和价格体系，市场机制足以协调和激励经济行为，有效配置资源，在这个框架下，交易在市场上进行和在企业内进行是一样的，产权配置和企业制度也是无关紧要的。

瓦尔拉斯（Walras）研究了价格与数量的相互关系，描述了一般竞争市场的基本机制，并得出了个人行为最大化方程。他认为在供给和需求不平衡时，由于保留了交易者重新签订契约的权力，交易者可按不同的价格重新签订契约，其契约的价格由各种商品的价格决定。[1] 埃奇沃思（Edgeworth，1881）第一个系统地提出了现代契约理论。[2] 他注重数学在经济分析中的应用，在其著名的《数学心理学》中，他假设交易者在签订契约之后，又可以找到更好的机会重新签订契约，并且可以反复进行，直到供求双方对现状满意不再继续签约为止。埃奇沃思认识到了契约的不确定性，他指出如果现存的契约，除了因现存各方的同意才面临重新签约改变以外，不再改变，均衡就可以实现。如果交点不在契

---

[1]　参见何自力著：《比较制度经济学》，南开大学出版社 2003 年版，第 95～97 页。

[2]　参见［美］约瑟夫·熊彼特著，朱泱译：《经济分析史》（第三卷），商务印书馆 1984 年版，第 120 页。

约曲线上，那么，所有各方面都趋向于契约曲线，对契约各方都有利。① 埃奇沃思重新签订契约的交易模型创立了契约曲线和无差异曲线，提出了契约不确定性的思想，成为后来阿罗—德布鲁范式的核心内容。

阿罗—德布鲁范式（Arrow – Debreu，1959，1971）就是在一般均衡交易模型的基础上建立的一套交易理论体系。在范式中，商品交易可以通过适当组合基本契约来实现，在整体经济体系中，存在着生产者和消费者两种经济行为。市场中单个消费者与生产者之间的交易契约就是帕累托意义上的最优契约，而整个市场交易契约的集合则是完全市场中单个交易均衡的扩展。阿罗—德布鲁模型在分析经济体系时具有基础性意义，在对契约的理解方面，构成了新古典经济学契约理论的主要内容。在其范式中，契约条件是完全的，其完全性表现在：契约条款在事前都能明确写出，在事后都能完全地执行，契约的影响只限于在缔约是对当事人产生，对第三者不存在外部性。每一契约当事人对其选择的条款和契约结果具有完全信息，且存在足够多的交易者，不存在有些人垄断签订契约的情况，而且契约签订和执行的成本为零。在新古典框架中，契约具有抽象性，与法理意义上的契约不同，契约的性质成为纯理性的，不含任何伦理道德因素，是市场自然秩序的结果。在新古典的契约框架中，契约也已具有了不确定性，阿罗认为，人不可能认识和预测未来的价格和销售情况。如何将不确定性契约转换成确定性契约，就成为新古典契约理论研究的重要内容。在新古典契约中，事前的不确定性风险可以通过不同类型的保险来转换，事后的则可通过第三者的事后契约调整来实现。新古典经济学对契约的不确定性和事后的调整的必要性已有所认识，其契约关系是一种长期契约关系。

康芒斯（Commons，1934）最早将交易的思想引入制度分析，成为早期契约经济理论中制度学派的主要代表，他认为，交易是经济活动中

---

① 其关于契约的经济思想主要见 Edgeworth, F. Y., *Mathematical Psychics*, London: C. Kegan Paul & Co.,1881:pp. 16 – 20。

的基本单位，是制度经济学的最小单位，交易是人与人之间的关系，是所有权的转移，而不同的具体交易和在一起构成经济研究中最大的单位——制度，制度实际上是交易活动的有规则的载体，同时契约的实质就是一种交易。①

科斯（Coase，1937）通过将交易成本引入对企业和市场的分析，将经济学研究的范围扩展到对制度和组织的分析，实现了经济学研究的一场革命。科斯清楚地表明了在分散化交易中组织的存在性，明确地采用了企业契约性的概念和效率方法，定义了企业理论的主要方向。科斯最先讨论企业的性质，从交易成本角度出发，把企业和市场的区别看做是契约安排的差别。

从契约的角度来看，任何交易都不是单纯的物品交换，从本质上说，交易的对象是权利，交易形式和交易过程实际上表现为经济当事人通过协商划分权益的过程，并通过契约明确界定下来，即使不能明确界定，也可以通过双方的默契约定下来。契约是关于产权分配的约定，契约安排的不同对应着相应的产权结构以及背后的政治法律体制。由此，新制度经济学家把复杂的制度问题抽象成了契约的选择、设计和安排问题。从契约的角度来分析经济生活，是新制度经济学最重要的贡献之一，现代经济学中的契约概念，实际上是将所有的市场交易（无论是长期的还是短期的，显性的还是隐性的）都看做是一种契约关系并将此作为经济分析的基本要素。在契约的视角下，企业被看做是有效率的契约实体（Foss，1998）。

## 2.2.2 不确定性与控制权

从经济学的研究对象上看，无论是个体的经济行为，还是政府的经济行为，其实质均是一个决策问题。微观经济学所对应的是有关消费者、投资者、厂商的决策，而宏观经济学所对应的是政府决策。我们可

---

① 参见［美］康芒斯著，于树生译：《制度经济学》，商务印书馆1997年版，第70~80页。

以从决策主体的角度，将微观经济学和宏观经济学归结为微观经济决策和宏观经济决策，因此，经济学是研究决策的科学，这些决策影响稀缺资源在竞争目标之间的配置，只要选择或者决策的结果不止一种，就存在不确定性，不确定性一直是经济学研究的一个恒久主题。在企业理论的发展和演进中，不确定性约束的引入，是经济理论研究深入企业组织内部，并对企业行为分析的开始。对于不确定性问题的认识和理解，也导致了企业理论的分化和演进，因此，对于不确定性因素的进一步研究，也是本书对于企业契约与控制权理论框架分析的开端。

阿罗认为，"不确定性意味着，我们确实没有关于世界的完全的描述，而这个世界我们完全相信是真实的。我们的不确定性存在于不知道哪一种状态是真实的知识之中"（Arrow，1974）。① 这里的不确定性是广义的，它既包括事前只能大致甚至不能推测的偶然事件的不确定性和交易双方信息不对称的不确定性，而且包括可以事先预料，但预测成本或在契约中制定处理措施的成本太高的不确定性。它和有限理性密不可分，如果没有有限理性，所有事件均可以被预测，不会存在不确定性。同样，如果没有机会主义，不确定性也可以根据有关契约加以调整。

库普曼（Koopmans）把不确定性分为两类：一类是初级的不确定性，即由于自然的随机变化和消费者偏好的不可预料的变化而引起的不确定性；另一类是次级不确定性，即由于缺乏交流，决策者无法了解情况而造成的信息不对称所带来的不确定性。威廉姆森又指出了第三类不确定性，即行为的不确定性，指由于信息的策略性保密、隐瞒和扭曲所造成的不确定性。②

首次将不确定性与控制权联系在一起的是奈特（Knight，1921）。奈特认为，在不确定性出现和决定做什么和如何去做的任务优先于执行任务时，生产团体的内部组织就不再是一件无所谓的事情或是一个机械

---

① 参见［美］阿罗著，何宝玉等译：《信息经济学》，北京经济学院出版社1989年版，第88～89页。

② 参见［美］威廉姆森著，王健等译：《治理机制》，中国社会科学出版社2002年版，第52页。

细节了，决策和控制职能的集中是当务之急。不确定性导致了生产团体内部的专业化，有更好管理才能的人被授予队团体的控制权，其他人则在他们的指挥下工作。由于不确定性的影响，导致了企业内部控制权的出现和集中。

哈耶克（Hayek，1948）从知识的角度认识不确定性，他把知识的不完全性和预期的不确定性归结为知识的分散性，从而把不确定性问题转化为决策中知识的利用问题。哈耶克认为，只有和不确定性相联系，经济协调问题才会出现。他把不确定性归结为经济行为主体对具体某一时间和地点的变化的适应性决策问题。哈耶克把知识的分散性基础上如何利用知识消除不确定性看做是建立合理的经济秩序的起点。社会的经济问题并不仅仅是一个如何配置"给定"资源的问题，它是一个如何能最好地把社会中任何成员都知道的资源用于何处，是一个使用任何一个人都不完全拥有的知识的问题。在哈耶克的理论体系中，控制权被定义为决策权，在知识分散存在的条件下，解决变化及其不确定性引发的经济问题的合理的或有效率的经济组织秩序首先是把决策权分配给拥有相应知识的个体，最终决策必须由那些熟悉这些环境、直接了解有关变化和了解为适应这些变化马上可以获得资源的人做出（哈耶克，1948）。① 尽管哈耶克主旨是为了揭示市场经济优于计划经济的原理，但是也得出了这样的结论，在不确定性前提下，控制权的有效配置是社会经济体系良好运转的前提。

在本书的研究框架中，不确定性是企业控制权出现的必要条件，没有不确定性，也就没有控制权的出现。企业的控制权配置是吸纳、消化企业契约所具有的不完备性而采取的制度安排。控制权作为一种克服不确定性的装置，对不确定性因素的研究是分析控制权变量的逻辑起点。

---

① Hayek, F. A., "Economics and Knowledge", in *Individualism and Economic Order*, London: Henley: Routledge and Kegan Paul, 1948.

## 2.2.3 新古典契约理论中的控制权因素

在瓦尔拉斯均衡中，不存在不确定性的影响，也没有控制权因素存在的余地。瓦尔拉斯均衡描述了一般竞争市场的基本机制，并得出了个人行为最大化方程，构造了一个拍卖者喊价机制模型，在其均衡状态中，所有的人都是价格的接受者，市场的出清过程需要瓦尔拉斯拍卖人通过叫价的方式调整价格，市场就可以实现均衡。瓦尔拉斯认为，在供给和需求不平衡时，交易双方不存在对于价格的控制权，只保留了交易者重新签订契约的权力，交易者可按不同的价格重新签订契约，其契约的价格由各种商品的供求状况决定，直到所有价格相等为止，这样市场就有可能实现均衡。

阿罗和德布鲁（Arrow & Debreu）分别在瓦尔拉斯理论基础上加入不确定性因素，构建了其阿罗—德布鲁理论模型，但是其不确定性因素仅仅包括资源可获得性的不确定性和消费及生产可能性的不确定性，意即环境的不确定性。在阿罗—德布鲁模型中，在不确定性的环境下，要想获得最优化结果，就要求存在一组完全的自然或有商品，这样的商品被称为阿罗—德布鲁或有商品，即商品的种类可以无限细分，经济行为者交易的范围可以无限大。在完全均衡的状态下，经济行为中也没有控制权因素的余地。

新古典经济学认为仅有一个完全确定和完备信息的经济系统，整个经济被看做是封闭的和确定的，真正不确定性被排除掉，所有风险被断定成可以以数值计算。它把企业看做是通过投入和产出的转换来追求利润最大化的专业化组织，企业可以遵循边际收益等于边际成本的利润最大化准则，企业对未来的预期是完全确定的。所以，企业可以精确计算出投入和产出水平，在长期竞争性均衡条件下，企业只能获得正常利润。

新古典经济学中的控制权因素是在对阿罗—德布鲁理想状态的扩展和改进后才得以显现出来，在完全竞争的均衡市场条件下，市场是完全出清的，价格是由完全竞争的市场决定的，单个企业或个人只是价格的接受者，无法影响价格的变动。企业所能做到的是根据现行市场价格来决定自己的产量。当将完全竞争的理想状态改变成为不完全竞争的市场环境后，市场环境的不确定代替了理想状态的确定性，控制权因素显现了出来，随着垄断条件因素的加入，在这里，控制权体现在对价格的控制上，在垄断竞争市场，企业不断调整价格，以期获得更多的利润。在寡头垄断市场，每个企业对价格都有较强的控制力，随着垄断程度的提高，企业对价格的控制力增强。寡头垄断企业之间有可能通过一定的价格竞争，也可能通过价格联盟来操控市场价格。差别定价就是垄断企业拥有价格控制权的典型结果。

## 2.2.4 不完美信息与控制权：完全契约理论中的控制权

在阿罗—德布鲁模型中，企业与生产函数是同义词，企业内部的流程简单地转化为投入产出的集合。新古典企业理论对于企业的解释仍停留在"静态协同体"的技术层面上，企业在这种假定下，仅仅作为市场原子构成结构，其内部的结构以及内部与市场之间的关系与互动，在新古典企业理论的显微镜下，仍然无法透视。

在企业理论中引进不确定性因素，是本书分析控制权问题的基础，由于认识不确定性因素的角度不同，不同理论也得出了不同的理论框架和理论基础。

在阿罗看来，不确定性是决策的过程的一个特征。他对于为什么会产生不确定性问题的解释是："①不同经济行为主体所获得的信息是有差别的；②产生信息的市场是不完全的；③市场具有序列的性质。……而当存在不确定性的时候，通常都存在着通过获得信息而减少不确定性的可能性。"① 因此，阿罗等经济学家从信息的角度解读产生不确定性

---

① ［美］阿罗著，何宝玉等译：《信息经济学》，北京经济学院出版社 1989 年版，第 158 页。

的原因，并研究通过信息的充分获取来降低经济活动中的不确定性，从而产生经济理论中的一个重要分支——信息经济学。信息经济学放松了阿罗—德布鲁范式中的完美信息条件，认为信息的不对称是造成经济行为主体决策困难和结果不确定性的主要原因。因此，如何消除信息不均匀分布构成了信息经济学理论的主要课题。

信息经济学是在 20 世纪 80 年代产生的，它正是经济不确定性理论自然发展的结果。传统经济学在研究经济问题时是在假定完美信息的情况下进行研究，而信息经济学是在不完美信息的假定条件下进行研究的。后者与前者相比更具有现实性，也决定了市场不确定性的始终存在，信息经济学是研究如何使不确定性缩小或排除的问题。完美信息的假定保证了帕累托最优状态的实现，但与现实并不相符合。在现实经济中，信息是不完美的，呈不对称分布状态。在相关的契约关系中，掌握更多信息或者说拥有信息优势的一方为"代理人"，另一方为"委托人"，两者之间就形成了委托代理关系。委托人和代理人虽然都具有效用最大化的利益目标，但是两者的效用函数并不相同。因此，在委托—代理模式中，由于委托方和代理方的目标不一致和信息不对称，就会产生代理问题，即代理人向委托人隐瞒真实信息或制造虚假信息，利用信息优势侵害委托人的利益。因此，对于现实中普遍存在的代理问题，需要设计出机制或契约以激励代理人，使其传递真实而有效的信息，并使其具有努力的积极性，所以信息经济学又可以以其侧重面不同称为委托代理理论、激励理论或机制设计理论。

委托代理理论就是研究在信息不对称情况下当事人如何设计契约，以及如何规范当事人的行为问题。非对称信息可分成两类：一类是外生的非对称信息，它是指自然状态所具有的一种特征、性质和分布状况，这不是由交易人所造成的，而是客观事物本来所具有的；另一类是内生的非对称信息，它是指契约签订以后，其他人无法观察到的，事后也无法推测的行为。阿罗把这类信息不对称划分为两类：隐藏信息和隐藏行动（阿罗，1974）。而信息的非对称性则可以从两个角度划分：一是非对称发生的时间，二是非对称发生的内容。根据非对称发生的时间来看，有事前非对称和事后非对称两种情况，研究事前非对称信息的理论模型称为逆向选择模型，研究事后非对称信息的模型称为道德风险模型。从非对称信息发生的内容来看，又有隐藏行动模型、隐藏知识模型和隐藏信息模型。在完全契约理论中，将模型中拥有私人信息的参与人称为"代理人"，不拥有私人信息的参与人称为"委托人"，完全契约理论的所有模型都可以在委托人—代理人框架下分析，经莫里斯（Mirrlees，J.）和斯蒂格利茨（Stiglitz，J.）进一步发展成为委托代理理论。根据不对称信息不同维度的分类，委托代理理论的研究模型主要分为五类：隐藏行动的道德风险模型、隐藏信息的道德风险模型、逆向选择模型、信号传递模型、信息筛选模型。信息不对称是委托代理理论中的核心概念，也是交易契约设计的最基本原因。

委托代理理论把企业看做是委托人和代理人之间围绕风险分配所做的一种契约安排，在这里，企业所有者就是委托人，经营管理者是代理人，由于利己的动机和信息的不对称，必然出现道德风险和逆向选择，因此，企业问题的关键就是，委托人如何设计有激励和监督意义的机制和契约，以控制代理人的道德风险和逆向选择，从而增大代理效果和减少代理费用。詹森和麦克林（Jensen & Meckling，1976）将代理关系定义为一种契约关系，在这种契约下，一个人或更多人（委托人）聘用另一个人代表他们来履行某些权利，包括把若干决策全托付给代理人。从这个理论角度来看，公司控制权的配置就是因委托代理问题而产生又为解决企业内部委托代理问题而服务的契约制衡机制，它规定着企业内部不同要素所有者的关系，通过契约对所有权和控制权进行分配，从而影响经营者和所有者的关系，其主旨在于恰当处理不同权利主体之间的监督、激励和风险分配问题，促使经营者与所有者的利益相一致。

委托代理理论是在保持了阿罗—德布鲁均衡条件中对于契约的完全性假定，即行为人的完全理性条件，对于新古典经济学的完美信息假定进行了修改，因此被称为完全契约理论。它认为在不对称信息和分离的风险偏好的条件下，行为人在交易过程中需要通过事前激励性安排写入一个精密的契约。完全契约假定行为人的理性是完全的，强调事前治理

和激励。由于不对称信息条件，导致了契约设计过程中存在风险和激励
的最优分配。完全契约理论更加注重契约的监督成本和激励机制的成
本，控制权的配置体现在最优契约对委托人的激励和约束上。值得注意
的是，在委托代理理论中，控制权是外生给定值，对契约的控制权即对
契约的制定、修改和实施的权力被事先赋予了委托人，代理人只能根据
契约的激励，从自己的利益出发，选择对委托人最有利的行动，而对于
经济任务的实际控制权则由契约赋予给了代理人，隐含的意义在于代理
人天然拥有的信息优势使其获得了具体经济活动的实际控制权。

## 2.2.5　不完全契约与控制权

广义的不完全契约理论范畴主要包括交易成本理论、不完全契约理
论（新产权理论）两个部分，不完全契约理论范畴从契约本身的不确
定性入手，认为由于人们自身对客观事物认知的不确定性而导致的有限
理性和现实的不确定性以及契约的第三方不可证实性（这一点是不完全
契约理论的契约不完全前提，即第三方的有限理性）导致了契约的不完
全，因此，现实中并不存在阿罗—德布鲁均衡中假定完全契约的条件，
需要设计不同的机制以解决契约条款的不完全性，并处理由不确定性事
件引发的有关契约条款所带来的问题。

（1）交易成本理论

沿袭科斯交易成本的思想，威廉姆森完善和发展了交易成本的概
念，使交易成本理论成为一个完整的理论体系。威廉姆森认为，交易成
本的存在取决于三个因素：受到限制的理性思考、机会主义以及资产专
用性。

相对于新古典经济学中的完备理性而言，威廉姆森认为人们吸纳和
评价信息的能力是有限的，同时环境因素的不确定性也导致了人的有限
理性。相对于完全契约理论关于信息获得的不确定性，威廉姆森
（1975，1985）定义了另一种不确定性，即人的机会主义所造成的行为
不确定性，他提出了"契约人"的假设，认为实际的人都是契约人，

总是处于一种交易关系中，而且这种交易背后总有某种契约支持，契约人在两个方面不同于效用最大化的理性人假设，即有限理性和机会主义行为。

威廉姆森强调交易特征中的资产专用性概念，资产专用性是指某项资产能够被重新配置于其他替代用途或是被他人使用而不损失其生产价值的程度，使人们注意到了与企业存在有关的一个重要方面：资本、知识和其他资源的所有者常常因为技术上的原因，被迫不可逆转地、长期地使他们的资源固定于一种特定形态上，由于资产专用性的存在，沉淀于特定专用资产的资本无法退出，无法转用于其他用途，专用资产的拥有者就无法躲避互补生产要素经营者的要挟。

交易成本理论认为经济行为人的有限理性引致了对所有未来事件的认知和预期困难，因此导致了完全契约的不可设计，因而交易成本理论属于广义的不完全契约理论。在威廉姆森的分析中，所有的经济活动都被看做是一种交易，把每次交易都看成一种契约的缔结，由于人的有限理性和未来的不确定性，双方无法签订完全性的契约，又由于具有交易专用性的各种资产投资很难从交易的锁定效应中解脱出来，事后的机会主义会损害签约方的专用性投资，因此必须引进一体化的治理结构（企业）来解决矛盾冲突，避免事后机会主义给交易双方带来可能的损害。交易成本理论的基本研究思路就是比较不同交易与性质和效能不同的治理结构相匹配所带来的节约交易成本的结果，探究交易与治理结构的匹配关系。①

在威廉姆森看来，企业是不同于市场的一种治理结构，它具有市场调节机制所不具备的权威控制功能，能够削弱交易者破坏契约整体利益的机会主义倾向，减少信息不对称的影响，具有处理契约不完全所造成的争端和冲突的功能，通过企业内部科层的控制，能够建立可靠的、有组织的制度秩序，从而消除不确定性。

---

① 段文斌等著:《制度经济学——制度主义与经济分析》,南开大学出版社 2003 版,第 180 页。

在威廉姆森的基础上，克莱因（Klein）、克劳福德（Crawford）和阿尔钦（Alchain）进一步发展出相对的资产专用性概念，即资产专用性的产生主要是由于沉没成本，也就是一项投资一旦做出之后，若再改作其他用途就有可能丧失全部或部分原有的价值，这部分价值的丧失是不可弥补的。在交易的一方进行了专用性投资之后，就会产生一种可占用的专用性准租，即一项专用性资产在最优使用和次优使用上的价值之差。资产的资产专用性程度越大，可占用性准租也就越大，因此，资产的专用性是相对的。可占用性准租往往会成为交易双方争夺的对象，这样，克莱因等人实际上揭示了机会主义与资产专用性之间的内在联系。对于可占用性准租的追逐，将会导致各种机会主义行为的出现，这种交易者在不完全契约下从交易合伙人的专用性投资中寻求准租的后契约机会主义行为，被称为"敲竹杠"（Hold‑up）或"要挟"，如何解决敲竹杠问题，已成为契约经济学家所要研究的前沿问题。通过制定完备的契约来消除交易者的这种行为的不确定性是不可能的。要想解决这一问题，一是建立一个市场的自动履约机制，使交易顺利进行，即通过在市场中建立声誉、诚信和习惯等方式进行，二是由政府或其他外部机构通过法律对契约履行人的行为进行控制，实施明确的履约保障。

沿袭交易成本经济学关于契约不完全性的观点，哈特（Hart）等人认为交易成本经济学的一体化理论忽视了一体化中只能将机会主义内部化，而不能消除机会主义现象，而且由不同的当事人来进行一体化，其结果也是不一样的。此外交易成本经济学也未说明一体化本身的定义。据此，哈特等人在科斯、阿尔钦和德姆塞茨等人的基础上发展了产权经济学的不完全契约理论。

（2）不完全契约理论与剩余控制权

虽然交易成本经济学对很多现象具有很强的解释力，但是这种仅限于以"交易"作为最基本分析单位的框架，却有碍于企业内部的组织和权力配置问题进行更细致的研究（杨其静，2005）。[①] 在哈特看来，

---

① 杨其静著：《企业家的企业理论》，中国人民大学出版社 2005 年版，第 14 页。

虽然交易成本经济学对契约的不完全性给予了高度重视，而且还对各种组织形成做出了强有力的解释，但是对权力是重要的观点或者制度安排是对经济主体之间权力配置设计的观点却没能给予足够的关注（Hart，1995）。哈特、格罗斯曼以及摩尔等人（Hart、Grossman 以及 Moore，1986，1995，以下简称 GHM）认为在企业内部和市场中一样存在着关系专用性投资和契约不完全性引发的敲竹杠问题。由于现实世界的不确定性和契约的第三方不可证实性，交易双方不可能在事前缔结一个能够覆盖全部交易情况的完全契约，因此，在双方各自的关系专用性投资完成后，出现缔约时未预见的事件，需要签约双方重新谈判，就有可能在事后谈判中出现参与一方侵占另一方关系专用性投资制造的准租金的机会主义行为，从而造成专用性投资的激励不足，形成效率损失。为防止这类敲竹杠行为，GHM 提出关于剩余控制权的不完全契约理论，认为在不完全契约的世界里，在无法详细描述未来偶然状态的情况下，除了契约已规定的特定控制权外，剩余控制权的事前配置是必需的，他们发现，企业家/经营者与投资者之间的关键问题并不在于信息不对称，因为即便当事人拥有对称的信息也无法签订一份完全的契约来避免再谈判和克服交易对方的机会主义行为，而能够有效解决该问题的方法就是事前的恰当的（剩余）控制权配置。控制权的事前安排决定着谈判地位，它影响事后契约准租金的分配，而控制权是通过财产的所有权实现配置的，最优的产权安排应该是那些具有重要的非人力资本专用性投资的人掌握企业的所有权或控制权，所以哈特等人的观点又被称为不完全契约的新产权理论。

哈特等人通过引入企业的物质资产的拥有过程，进一步强调物质资产对人力资本的控制。在他们看来，企业的定义是：一个企业是由它们所拥有的或控制的那些资产构成，企业所有权就是实施控制的权力，企业的所有权与控制权是同一个概念。企业一体化程度取决于企业所拥有的资产的程度，由于契约是不完备的，企业契约包含的权利有两种：特定权利和剩余权利。特定权利是契约中写明的权利，而剩余权利是契约中没有写明或写入成本很高的权利，所有权的实质就是对这些剩余权利的控制权。①

　　哈特的重要理论贡献在于揭示了在契约不完全的条件下，决定企业的控制权由谁拥有为什么是重要的。在契约完全的条件下，财产或企业的控制权本身为契约的任何一方所拥有，都不会产生实质性的差别，但在契约不完全时，由契约的哪一方拥有财产控制权就不是无关紧要的，控制权的事前安排决定着谈判地位，它影响事后契约准租金的分配。

## 2.2.6　对不同契约理论观点的比较和评述

　　在理性假设方面，委托代理理论的出发点是契约双方完全的理性假定，这一点与阿罗—德布鲁新古典范式的完全理性假设是一致的，因而由此推导出了作为前提条件的完全性契约。然而，不完全契约理论（新产权理论）的前提也是签约双方的充分理性或相当理性，为什么同是充分理性前提，产权观点的 GHM 模型却得出了契约的不完全性呢？原因在于，交易成本理论认为经济行为人的有限理性引致了对所有未来事件的认知和预期困难，因此导致了完全契约的不可设计，产权观点继承了交易成本理论关于契约的不完全性观点，但是认为契约的不完全性是由于第三方对于签约的不可证实性或第三方的有限理性导致的，哈特和摩尔（Hart & Moore，1988）沿着不可证实性的逻辑，给出了契约不完全的两个原因：①法院缺乏对相关自然状态证实的能力；②交易双方对阻止事后重新谈判缺乏能力。②

　　在契约作用方面，不完全契约理论把不完全契约作为外生变量，契约的不完全性导致的问题在于影响了事前的专用性投资激励，契约的作用就是最小化事前投资扭曲，而这种扭曲将影响当事人事后分享盈余的多少。交易成本理论强调契约不完全导致的交易成本在于事后的失调，

---

　　① 参见韦伟、周耀东著：《现代企业理论和产业组织理论》，人民出版社 2003 年版，第 126 页。

　　② Hart，O. & Moore，J.，"Incomplete Contracts and Renegotiation"，*Econometrica*，1988. Vol. 56：pp. 755 – 786.

因此契约具有两个目的：一是作为当事人专用性投资的激励工具，二是作为当事人从交易中获益的事后适应性工具。① 在委托代理理论中，契约建立在当事人一致同意的基础上，能够被完全的执行，没有再次谈判的可能和条件，所有的问题在契约签订前都已解决，在这里，契约是作为激励和分担风险的工具，为委托人利益最大化服务。

在信息约束方面，委托代理理论对于信息约束的假定非常严格，一方面假定信息是完全的，委托人知道代理人的偏好和保留效用，双方都能完全的根据随机性质对结果的影响，知道利润水平。另一方面，委托人不知道代理人的努力程度和真实自然变化，信息是不对称的，因而是不完美的。② 在 GHM 模型中，当事人所拥有的信息虽不完善，但是相互对称，然而对于第三方，信息是不对称的，是不可证实的。在交易成本理论中，签约各方不仅是有限理性的，而且所拥有的信息也是不完全和相互不对称的。

在理论前提方面，三个契约理论分支有着一定的相同点：①三个理论分支都直接或间接承认机会主义前提的存在，认为行为主体在交易活动中，不仅追逐自利目标，而且同时还会使用隐瞒真实信息和行为、交易意图、敲竹杠等策略行动。机会主义假设是交易成本理论和产权理论的理论基础，而委托代理理论把完全理性和机会主义行为联系起来进行分析，把机会主义行为赋予代理人一方，形成了其理论特有的"道德风险"概念。②小数条件假定：小数条件指企业内部交易双方面对的可选交易对象不多，大数条件指交易双方面对的可选交易对象很多，如果在企业内部面临交易条件是大数条件，一方有严重机会主义行为，另一方将谋求与其他未签约方交易，使得机会主义被抑制。由于小数条件，企业内部签约各方陷入双边锁定状态，使机会主义有了存在的余地。③不确定性假定：也就是表示环境的复杂性和风险性。契约理论各个分支都

① ［美］科斯、诺斯、威廉姆森等著，刘刚等译：《制度、契约与组织——从新制度经济学角度的透视》，经济科学出版社 2003 年版，第 443 页。

② 信息的不完全和不完美的区别，见张维迎著：《博弈论和信息经济学》，上海三联书店 1996 年版，第 49 页。

以环境的不确定性作为理论前提。

在对于企业的认识方面，委托代理理论认为企业是一系列契约的联结，控制权的配置问题实际上就是如何解决委托代理问题、降低代理成本的契约机制。交易成本理论将交易作为分析单位，认为不同的交易应该有不同的治理模式，企业就是一种有别于市场的治理结构，企业的控制在这种意义下就是约束企业剩余分配的组织和制度形式。不完全契约理论则认为企业是一组物质资产的集合，而基于非人力资本控制权的事前分配则构成了公司治理结构的主要内容。

在分析单位上，委托代理理论把重点放在了签约方的行为上，把个体代理人作为分析单位，交易成本理论和产权理论将交易过程时间序列化，分成事前和事后两个阶段，形成了对交易过程的动态分析。因此，控制权的作用在委托代理框架下就成为约束和激励代理人的契约设计；在不完全契约框架下就成为了解决交易过程中事前激励或事后机会主义风险的机制和制度安排。

完全契约理论的代理成本与不完全契约的交易成本是不同的概念，委托代理理论把委托人的监督成本、代理人的保证支出和剩余损失之和定义为代理成本，在这个维度上，完全契约理论就是使代理成本最小化的契约设计方案。不完全契约理论的交易成本概念则包括：（1）不适应成本，即交易行为逐渐偏离合作方向，造成交易双方互不适应的那种成本；（2）讨价还价成本，即交易双方想纠正事后不合作的现象，需要讨价还价所造成的成本；（3）建立及运转成本，即为解决契约纠纷而建立治理结构并保持其运转的成本；（4）保证成本。① 交易成本理论认为交易成本主要来自事后的失调，不完全契约理论（新产权理论）则认为交易成本主要来自事前，即交易成本主要在于事后的敲竹杠会扭曲事前的专用性投资激励。在这里，交易成本经济学的契约研究重点就是对最优（交易成本最低）或次优治理结构的选择和比较，即对制度

---

① 参见［美］威廉姆森著，王健等译：《治理机制》，中国社会科学出版社 2001 年版，第 211 页。

的选择。不完全契约理论的重点则是降低企业内部交易成本的控制权机制安排。

在公司治理的方面，交易成本理论主要把契约治理的重点放在了事后，强调事后的适应性治理，委托代理理论与不完全契约理论则都将契约治理重点放在了事前，所不同的是，委托代理理论强调对契约的预先设计，而不完全契约理论注重对剩余控制权与索取权的对应性配置。

在理论的内容特征方面：信息不对称、代理成本和激励构成了委托代理理论的主要特征，最优契约的设计成为代理理论的关注的主要内容。交易成本、机会主义、有限理性和资产专用性构成了交易成本理论的分析框架，将节约交易成本作为主要目标，通过制度的比较分析，在可行的替代形式中考察企业组织形式，将重点放在了事后治理的制度安排上是其主要内容特征。不完全契约理论利用与财产权配置相关的剩余控制权概念将交易成本理论中的敲竹杠问题形式化，导入了其理论内容中最具特点的概念——控制权，不完全契约理论将控制权概念的引入，使企业财务安排与公司治理有机地联系起来，企业特定的财务结构安排也就决定了特定的控制权安排。使控制权成为企业资本结构与公司治理结构之间联系的枢纽，扩大了公司治理的理论内涵和外延。

以上三个理论都拥有共同的治理主体逻辑导向，即它们都得出了企业治理的主体是企业的股东或物质资本所有者这一结论。委托代理理论要解决的问题是在信息不对称下委托人如何选择或设计最优契约来克服代理问题，它将全部谈判的能力都交给了委托人一方，将股东天然的设为委托人，经营管理者天然的设为代理人，使企业的物质资产所有者自动成为公司治理结构的主体，即公司治理的目标是为了保障股东的利益。交易成本理论认为工人、经营者、供应商和客户以及社区等其他利益相关者在企业中有明示的契约和法律保护他们的专用性投资，而股东的投资则是隐含的契约，只有在企业履行了所有的明示合同，支付完了所有的固定支出后才轮到股东分享剩余，在事后的讨价还价中，股东的专用性投资则被锁定在企业里，而其他利益相关者具有更好的外部选择，因此，股东必须在公司治理结构中占据控制地位。不完全契约理论将剩余控制权与剩余索取权对应作为公司治理的目标，剩余控制权的配置在本质上就成了财产权的配置，因此，在产权理论看来，非人力资本所有权是企业权力或控制权的来源，企业的股东天然的是企业控制权的掌握者。

委托代理理论中就行动主体来讲，由于只有两方，是一个双边垄断的情形，治理的焦点是委托人如何选择或设计最优契约来减少代理成本，因而理论把谈判的能力都交给了一方，拥有全部谈判能力的一方提出一个契约，另一方要么接受，要么离开，没有提出新契约的权力，在这样的理论基础上，控制权、权威、制度等变量没有存在的余地，重要的是博弈双方的信息结构和博弈顺序。交易成本理论偏重于事后相机性治理，认为制度是内生的，因而注重从制度和组织角度的分析，属于新制度经济学的理论框架。不完全契约理论将制度因素预先予以给定，强调控制权的事前配置和专用性投资事前激励机制的建立，它将公司治理的范围拓展到了财务结构和资本市场领域，并建立了相关的理论模型。它和委托代理理论都偏重于新古典的分析框架，属于新古典微观分析理论在企业理论和新制度理论中的扩展。

## 2.2.7  本书关于控制权的观点

在 GHM 模型中，控制权的产生原因是契约的不完备性，其来源是物质资产的所有权，但是，产权理论无法充分说明企业关系专用性投资激励的来源，因为在现代企业里，对企业租金的贡献不仅仅来源于物质资本，更多地是来源于人力资本的投入。因而不完全契约理论对于控制权来源的解释是过于狭窄了。Rajan 和 Zingales（1998）（以下简称 RZ）指出权力可来自于任何关键性的资产（包括人力资源），而且通过分配这些关键性的资源的进入权（Access）可以达到更好的企业治理效果。① 因此企业的边界不是由哈特等人定义的物质资产所决定，而是由企业的权力所能控制的资源所决定。RZ 把企业定义为专业化投资的联结，即被共同专业化的资产和人之间的联结，这些被共同专业化投资的所有部分（包括利益相关者的投资）都属于企业。如果说哈特把企业看做是一个物质资产集合，则 RZ 则把企业看做是一个权力集合、一个控制权的集合，控制权的来源不仅仅是物质资本，也可以是人力资本。RZ（2000）用 Sattchi & Sattchi 公司的案例说明新型企业的控制权问题："1994 年，控制着 30% 股份的美国基金经理反对把丰厚的契券组合奖给世界上最大的广告代理商 Sattchi & Sattchi 的总裁 Maurice Sattchi，最终导致了 Maurice Saatchi 的离开，几个关键的经理也紧跟着迅速辞职，最后这个公司倒闭了。事后看来，美国基金经理所犯的错误是将 Sattchi & Sattchi 作为一个能由其资产清晰界定边界的传统公司对待。因为他们拥有所有权（拥有 30% 的投票权），他们也许认为他们控制着公司。然而，当他们开始行使其传统的所有权时，公司崩溃了。"②

　　RZ 以 Sattchi & Sattchi 公司的例子说明了一个道理，在当今社会，人力资本也是企业控制权的来源和内容，基金经理虽然拥有企业的所有权，却实际上并不完全拥有企业的控制权。沿着 RZ 的逻辑发展下去，我们认为控制权的定义应该更广泛，其应来源于对于企业关键性资源的掌握，企业的关键资源可以是物质资产，也可以是企业的人力资产。企业的控制权应该是对企业关键资源的控制能力，而不仅仅是企业的物质所有权，因而本书分析框架中的企业控制权概念比 GHM 的要全面，其控制能力覆盖了构成企业生产发展的物质资本和人力资本两个方面。从笔者所定义控制权的视角看企业的契约性质，企业就是人力资本和物质资本专业化投资的契约联结。

---

　　① Rajan, R. and Zangales, Luigi, "Power in a Theory of the Firm, *Quarterly Journal of Economics*, 1988, Vol. 112, No. 2: pp. 387 –432.

　　② Rajan & Zingles, "The Governance of the New Enterprise", *NERB Working Paper* 7958, 2000.

## 2.3 关于在华外商投资企业独资倾向与
## 趋势的研究回顾

在关于跨国公司在华投资企业的独资趋势的研究方面，王林昌等人（2001）从投资环境和独资企业的优势特征方面分析了近年来外商独资企业数量增多的原因。许陈生、夏洪胜（2004）利用《中国统计年鉴》等宏观数据，运用交易成本理论对于影响在华外资企业投资进入模式的因素进行了分析，认为中国市场规模、开放水平对于 FDI 进入模式的独资倾向产生了积极作用。李维安、李宝权（2003）提出了一个跨国公司股权结构战略两阶段演进模型，认为跨国公司在华独资倾向的原因是追求股权结构战略改进的预期收益。赵增耀（2004）认为外商在华投资企业的独资化趋势是跨国公司在华战略的改变，其形成机理是我国加入 WTO 后，国内投资环境变化与跨国公司全球战略以及中外合资企业内部冲突等多种原因的结果。楚永生（2005）从企业战略的角度分析跨国公司在华投资的控股、独资化趋势，构造了一个环境—战略—行为的分析框架，指出经济全球化等宏观环境的变化使跨国公司 FDI 战略由简单一体化向复合一体化转变，导致了跨国公司对于在华合资企业控制权需求的增加和控制程度的加深。

目前国内对于外商投资企业独资化倾向与趋势的研究成果还比较少，现有的文献较多集中于政策性的研究。在分析层面上基本停留在宏观和中观角度，采用的理论工具一般是在跨国公司理论中比较通行的交易成本理论和折衷理论，缺乏从微观层面对于跨国公司行为的理论和实证研究。企业是市场经济中最基本的组成元素，通过对于企业内部关系的深入剖析，将有助于对于企业行为趋势的把握。因此，从契约关系和控制权的角度来分析跨国公司在华投资和经营行为的变化，具有一定的理论价值和现实意义。

# 3   跨国公司直接投资的契约分析

## 3.1 跨国公司直接投资的动因分析

（1）特定优势的投资动因

指企业的对外直接投资动因源于企业内部特定优势，特定优势主要由三部分构成，产品或工艺技术优势、经营管理优势和多厂经营优势。产品或工艺技术优势是企业在专业性差异产品和新工艺生产方法方面拥有优势性技术资产，因此采取对外直接投资来取代出口或许可证生产方式。经营管理优势是指在发达国家的大规模企业内，优秀的经营管理资源受到市场规模发展的制约而得不到充分的发挥，如果将经营管理优势资源以直接投资方式注入受资东道国，则会使受资海外企业总要素投入的边际收益增加，因此，对外直接投资成为更有效利用这些过渡管理资源存量的一种有效方式。多厂经营优势是指跨国公司在单个工厂的规模经济等效益挖掘已尽，即工厂规模已超出最佳效率规模上限的情况下，往往会通过增加经营的工厂数量来减少单位经营成本，获取多厂经营经济（Multi – plant Economies）。当国内市场容量相对饱和且不足以容纳最大限度获取多厂经营收益的工厂数量时，企业便会通过向外扩张来开拓新的市场范围。① 对于对外直接投资的企业来说，多厂经营的经济优势来自于几个方面：更大规模现实和潜在市场的营销和广告规模经济；建立在国际自然资源基础上的投入产品的数量节约和质量提高；研究和

---

① 张继康主编：《跨国公司与直接投资》，复旦大学出版社 2004 年版，第 161～166 页。

开发活动的规模经济；投入品购买、产出品配发协调的管理经济，如为运输和储存所带来的成本节约和效率提高；生产经营范围内的跨国化导致的经营风险的分散（Scherer，1975）。①

（2）产品周期因素的投资动因

从产品寿命周期角度考虑。当企业所处的行业及产品在国内市场上由高速成长期步入低速缓慢成熟期或衰退期时，其产品在国内市场已经趋于饱和，市场变得异常拥挤和狭窄，竞争对手之间会大打价格战，利润水平大幅度降低；有些企业为了躲开价格拼杀，保存实力，会另辟蹊径，积极寻找新的利润增长点。此时，企业管理者除了要考虑产品更新换代和技术进步以外，还可以考虑开辟国际市场，在国际市场营销自己的产品或服务，开发新的消费者和客户群体。

（3）进入市场壁垒的投资动因

相对于东道国当地企业，跨国公司即使不拥有显著的特定优势，只要预期进入的市场壁垒长期存在，他们也会实施直接投资进入。如果东道国存在着长期为较高进入壁垒所保护的市场，则相对于潜在的进入企业，先入企业预期将拥有建立在这些壁垒基础之上的衍生优势，凭借其充分的资产变现能力、资本补充能力、丰富的技术知识和较高的管理技能等，在东道国能够期望得到较高的投资收益，那么，跨国公司就会采取直接投资的方式进行投资。

（4）绕开关税壁垒的投资动因

指跨国公司为了绕开东道国对产品的贸易关税壁垒，直接在东道国当地设立生产企业。贸易壁垒是建立在关税基础上的，被关税保护市场的预期利润率较高于未被关税保护市场，且关税税率越高，利润预期水平也越高，因而会吸引国外企业的直接投资进入。在关税保护市场内的直接投资建厂生产，可以弥补因高关税在东道国市场的商品贸易份额的降低，同时也可以建立新的市场垄断势力。

（5）低成本生产的投资动因

---

① F. M. Scherer, *Economics of Multi – plant Operation*, Harvard Press, 1975, pp. 61 – 62.

基于比较成本优势，企业直接投资的目的在于通过产业转移到国外，降低产品生产成本，获取效率利润。跨国公司由于拥有差异性新产品或优良产品、先进技术和更有效率的生产方法以及管理优势和规模经济优势，再结合东道国尚未被开发或开发程度还不够的低成本资源禀赋条件，成本差异可以转化为高于本国生产的投资回报率。

## 3.2 跨国公司直接投资进入新兴市场

由于企业自身具有某种优势和所处的具体环境的差别，因此，使得不同的企业具有不完全相同的直接投资动机。这些动机主要是说明投资者为什么要进行某一特定类型的投资，即决定具体投资决策的主要因素，或者是投资的直接目的。

跨国公司在中国进行国际直接投资从根本上说是服从其经济目标，而非超经济的政治或其他目标，从这一观点出发，我们对跨国公司在中国市场进行国际直接投资的动因进行分析：

（1）开发和利用中国的自然资源

要获得中国的自然资源的最可靠的方法是在其产地进行投资。尤其在当前，正处于急速膨胀的世界工业需要大量矿产品及林业等不可再生的自然资源，而跨国公司所在国内的资源供应远远不能满足其需要。企业为寻求稳定的资源供应，最佳的选择就是进行直接投资，开发中国境内的自然资源，也可以说开发和利用自然资源是企业生存层次上的投资动机。

（2）利用中国相对于国际市场廉价的劳动力、土地等资源，降低成本

由于劳动力的转移受到许多方面的限制，而土地是不可能移动的，于是发达国家跨国公司要利用其他国家这方面廉价资源，就只能采取直接投资方式，直接利用低成本的投入，提高企业的生产效果。外国资本借助于我国相对廉价的物质资源和人力资源，生产其差异性产品，降低其产品生产成本和运输成本，提高市场占有率。通常这种投资动因大多

出于企业维持其竞争力的需要，是一种防御层次的投资原因。

（3）分享收益和分散风险的原因

中国一直保持高速经济增长，投资回报率持续保持在较高的水平上，跨国公司为了分享中国发展带来的丰厚经济收益，势必要把中国作为投资的重点，从经济发展的角度看，这种分享收益型的投资可以取得较为稳定的收益。另一方面，在某些情况下，也可能出于规避国内风险的原因。如有些国家政治经济宏观情况不稳定，对私人资本有各种限制性规定、税收管制较为严格或国内市场竞争加剧等情况都可能使企业进行对外直接投资，以分散面临的风险。而中国政治经济情况一直保持稳定，数次国际金融危机也没有波及国内，同时国内也对外资给予较为优惠的待遇，因而中国一直是外国资本直接投资的热点国家。

（4）维护和开拓市场

有关中国市场的投资动因，根据不同的情况，又可分为四种：

第一种是绕开贸易限制的投资。在这种情况下投资企业往往本是出口企业，产品在国内生产，通过出口进入国外市场。由于进口国家实行了贸易限制阻碍了出口的正常进行，因而企业转向进口国进行直接投资，维护其原有市场。例如我国汽车进口关税在历史上一直维持了一个较高水平的税率，所以外国汽车制造企业通常为进入中国市场而选择对汽车行业直接投资，多数是出于这种动机。这是一种防御性的投资动因。

第二种是稳定与扩大市场的投资。企业对出口市场开辟到一定程度后，在当地直接投资进行生产，使得就地销售更为有利，因此导致对外直接投资。自20世纪90年代以来，国际著名品牌生产厂家看中了中国巨大的消费市场，加快了产品中国本土化的进程，纷纷移师中国实行本土化生产，国际名牌化妆品及其生产企业，如美国的宝洁、庄臣、雅芳、安利、强生、露华浓、高露洁、雅诗兰黛、吉列，英国的联合利华，德国的汉高、威娜、妮维雅，法国的欧莱雅，日本的资生堂、高丝、花王等，基本上都已在中国本土投资建厂，这种投资属于发展型对外投资动因。

第三种是为开辟新市场进行的投资。跨国公司在东道国原来基本没有市场，通过直接投资才占有一定的市场。这种类型的投资是进攻型的投资。中国持续20多年的高速经济增长，使之不仅仅是一个潜在的市场，而且是一个现实的巨大市场，加之有巨大的发展潜力，孕育着无限的商业机会。跨国公司为了在中国开辟新的市场，势必要把中国作为投资的重点。

第四种是跟随领头企业而进行的投资。其目的是维持未来的市场份额，以防被其他竞争者所独占，其目的是获取持久的最大利润。这样的结果是一家企业向外扩展，其他企业就随之而动。一家跨国公司对外进行扩张性投资，则该行业其他跨国公司就会"跟随投资"，以保持寡头之间的竞争均势。在中国的汽车、制药、金融、保险等领域，都有众多大型跨国企业跟随投资加入，这与其战略导向是分不开的。例如，如1991年日本八佰伴率先进入深圳，紧随其后的是日本7－11便利店，世界最大的商业集团、美国的沃尔玛在随后几年也开始进入中国大陆市场。类似的情况在其他国家也屡见不鲜。1984年4月，日本丰田汽车公司，刚刚宣布与美国通用汽车公司举办合资企业，5月日产汽车公司就发表了在美国生产小型汽车的计划，日产汽车公司的计划发表仅三天，马自达公司也公布了在美国设厂的计划。海默和金德尔伯格等称这种投资为"寡头均势"或"跟进投资"，这也是一种防御性投资。

（5）实现全球发展战略

这是当代跨国公司对外直接投资发展到全球化阶段的一种投资动机。跨国公司建立起自己的国际生产体系后，开始以全球为目标，进行世界扩张。跨国公司依据资源和市场的分布情况在世界范围内进行灵活、有效和统一的经营，有计划地安排投资、生产、销售和技术开发等活动，使有限的资源得到更有效的利用，取得最佳经营效果和最大的投资收益率。这种类型的对外直接投资是高级层次的体现。

这五种投资动机是国际直接投资进入中国的主要动因，除此之外，还有利用现有技术设备，享受中国的投资优惠，避税等其他投资动机。这些动机是可以同时并存的。

尽管上述直接投资动机各不相同，但归根结底都是为了追求更大的投资收益，是由其共同追求最大利润的资本本性所决定的。

## 3.3 东道国政府吸引跨国公司进入

从改革开放以来，我国每年都制定吸引外商投资的各项总体目标，各地方政府也相应制定了自己的目标，并把吸引外资数量作为政府业绩的主要评价指标之一。国际上相关的经验及中国自身的经验均表明，国际直接投资以及外商投资企业对东道国经济能够带来多方面显著和潜在的好处，因此，国家和各地方政府都一直致力于吸引外资。外国直接投资带来的好处主要体现在以下几个方面：

（1）增加外汇收入，给国际收支带来收益

从资本项目来看，跨国直接投资的进入所带进资金，等于东道国的外汇收入。从贸易流动方面看，跨国公司在当地生产的产品有一部分可以通过跨国公司的销售渠道外销，增加出口额，赚取外汇，这样对东道国的国际收支有利，与内资企业的创汇能力相比，我国的外商投资企业通常比内资企业与国际的联系更为密切，而且设立外资企业往往正是基于产品主要或部分用于出口的目的。因此，外商投资企业是外汇创收的重要力量，对保持国家外汇平衡发挥着重要作用。2001 年外商投资企业年出口额达到 1300 亿美元，占中国该年出口总额的 50% 以上，到了 2004 年，这一比例达到了 57%。此外，从考虑进口替代的作用出发，由于跨国公司的进入，有些过去需要进口的产品现在可以在国内生产，节省了我国的外汇支出，有利于我国的发展。

（2）促进就业增长

外资企业的建立和扩大能够发挥就业效应，增加就业机会。外商投资企业，无论是新建企业，还是在原有企业基础上的改扩建企业，都为提供新的就业机会发挥了重要作用。从整体经济角度看，就业岗位的增加对经济和社会有着举足轻重的作用。1985～1999 年间，外商直接投资每增加一个单位，就可以为国内创造 1.0599 个就业机会（赵晋平，2001）。① 至 2003 年，中国外商投资企业直接雇用的员工达 670 多万人，这还不包括外商投资企业在中国创造的数量相当可观的间接就业岗位。②

（3）直接和间接增加财政收入

外资企业进入中国，对当地政府的直接贡献就是向当地政府提供税收，现在，中国的外商投资企业已成为企业中的纳税大户，并且比例还在不断增长。在大部分内资企业（特别是国有企业）往往规模小，经营业绩差和上缴税收不高的情况下，新设立的外商投资企业成为当地增加税收的重要力量。从 1993 年至 1999 年，我国涉外税收中的 95% 是外商投资企业创造的，外商投资企业税收在工商税收总额的比重由 1993 年的 5.7% 递增到 2004 年的 20.81%。此外，外商直接投资可以为过去曾经需要政府投资的项目（特别是基础设施项目）筹集到资金，也可以通过收购国有资产的方式，直接或间接地减轻政府的财政负担。例如 1998 年，柯达公司宣布在中国投资 12 亿美元，对几家即将关闭或需要大规模改造的国有胶卷厂实行控股。以厦门胶卷厂为例，柯达公司投资后企业绩效增长，上缴当地政府税收大幅度提高。从投产的第二年起两年内上缴税收超过原厂前 14 年的总和。③

（4）引进技术和管理

跨国公司通常具有技术优势，引进外商投资的东道国希望利用这类先进的技术来振兴本国企业和经济。在中国，特别是引进外资早期，许多企业以直接协议转让形式引进外商企业的技术，经转让的技术成为后来合资企业中外商投资的一部分。20 世纪 90 年代中期以来，随着大型跨国公司在华投资的增加，外商投资企业的技术水平明显提高，世界排名前 500 名的制造业跨国公司，大部分都已经来我国投资，这些大跨国公司在华投资项目的技术水平较高。据对 1996～1997 年度中国最大 500

---

① 参见赵晋平编著：《利用外资与中国经济增长》，人民出版社 2001 年版，第 84 页。
② 引自《亚洲开发银行报告：西部地区利用外资研究》（2003）。
③ 根据《自亚洲开发银行报告：西部地区利用外资研究》（2003）。

家外商投资企业的分析，资金技术密集型的企业销售额占这 500 家总销售额的比重为 66.9%。①

外商投资企业在华使用的技术不仅普遍高于我国同类企业的水平，而且有相当比例的跨国公司提供了填补我国空白的技术。据对北京 48 家主要来自 500 强的外商投资高新技术企业的调研，在高新技术产业领域，外商投资企业的技术水平，在整体上明显高于国内高新技术企业的水平，全部或部分使用国内空白技术的企业占 76.3%；其余为使用先进技术的企业，占 23.7%。研究表明，即使同处于高新技术产业领域，跨国公司投资企业的技术水平也明显高于国内企业的技术水平（江小涓，2000）。② 许多研究表明，FDI 直接和间接地推进了技术向发展中国家的转移。例如，外商投资企业与当地公司（如供应商和采购商）建立的关系便是一种直接技术转移形式；而当技术被复制，或雇用外商投资企业的员工时则发生间接技术转移。除创造新的就业岗位之外，外商投资企业在培训技术人员和管理人员方面也发挥着重要作用。在外商投资企业筹建阶段，跨国公司一般要从总部派出很多人员来启动其投资项目。一旦企业建成，几乎所有的跨国企业都尽可能地雇用当地工作人员。实际上，随着时间的推移，跨国公司正逐渐将一度由总部人员担任的职务实现"本地化"。因此，跨国公司需要投入大量资金，培训当地员工学习先进的管理技术和规章制度。这将对我国人力资源素质的系统性提高发挥着重要作用。其中许多人员可能会离开跨国公司，加入当地企业，或自己创办企业，形成知识与技术的扩散效应。

（5）促进竞争，优化产业结构

外商投资企业参与了国内市场竞争，迫使过去一度受保护的企业开始实行变革，促使本地企业尽早提高自身素质，加强企业的核心竞争力。例如，在上海的国有和股份制商业银行比国内其他地区在管理和服务上要先进，其主要原因是政府极力鼓励外资银行参与上海地区的银行

---

① 引自 1997 年 10 月 13 日《国际商报》。

② 王洛林、江小涓等：《大型跨国公司投资对中国产业结构、技术进步和经济国际化的影响》，载《中国工业经济》2000 年第 4 期。

间竞争，造成国有和中资股份制银行在竞争中的快速发展。中国家电行业的国际竞争能力较强，就是因为在与外资企业的竞争中，本地企业才能迅速的成长起来。中国加入 WTO 之后开始的工业自由化进程，催生了大量中国本土汽车企业，加入 WTO 非但没像人们过去所担心的那样，敲响中国汽车业的丧钟，相反加速了这一行业的新生和发展。①

从客观上，国家和地方政府都已认识到，外国直接投资产生的效益远大于其所带来的不利面影响。外国直接投资可在深度和广度两方面促进我国经济的发展。对于那些过去未曾流入大量外资的偏远地方经济来说，其效果会更加明显。吸引外商投资可能带来的种种好处，也会进一步激励各地政府努力地去吸引外资。

## 3.4 跨国公司与东道国政府的契约关系

在以上各节本书讨论了以中国为样本的新兴发展中国家吸引跨国公司投资的原因以及跨国公司投资中国市场的动因，接下来，本书将以中国为蓝本设计一个新兴市场的东道国与具有资本和知识优势的跨国公司契约关系，来分析它们之间的互动关系。

跨国公司在东道国的经营活动势必会对其经济、政治产生深刻的影响，带来重要的系列效应，在资金、技术、就业、管理和产业结构等诸多方面促进了东道国的经济发展，但是，外资对于东道国的消极影响也是不容忽视的，跨国公司的进入，对东道国国内的市场、企业产生巨大的冲击，削弱国内的品牌，容易形成对其国内市场的垄断，从而对东道国的经济结构和政治利益产生负面作用。此外，跨国公司以追求利润最大化为最终目标，它投资的地域、产业往往与东道国政治经济发展战略不完全一致。因而，东道国政府通常在吸引外资的前提下，对于跨国公司的直接投资进行一定的政策调控，力图将其负面影响降低至最小。东道国政府的政策，可以被看做是应对跨国公司行为的反应。而对于外国

①    转引自《亚洲开发银行报告：西部地区利用外资研究》(2003)。

投资者来说，首先涉及的是东道国的投资环境问题，跨国公司从事跨国经营活动，所面临的是与母国完全不同的环境，与东道国法律、政治、文化等方面存在着矛盾和冲突，东道国政府对于跨国公司来讲是极为重要的利益相关者，其面临的投资环境中的政策因素实际上大部分是由东道国政府或地方政府所构造的，在这里，制度环境对于企业的影响和企业对于环境影响的反应可以被不完全契约理论的分析框架简化成为跨国企业与东道国政府的相互契约关系问题。政策等制度因素不再是影响外国企业行为的外生变量，而是作为契约关系的政府一方对于契约对方行为采取的反应措施，而施加于跨国企业，因而是内生性的，从而可以动态地解释制度变迁的过程。

在国际经济学和跨国公司理论研究中，政策等环境因素对于跨国企业行为的影响也通常被许多学者构架成为跨国公司与东道国政府的互动关系问题。

## 3.4.1 跨国公司与东道国政府关系的不同理论分析

与东道国政府的关系是国际经济学界研究国际直接投资的重要问题，不同的理论学派从不同的理论视角对于跨国公司与东道国政府之间的关系进行了阐述。

海默（Hymer，1971）从对外直接投资所导致的垄断力量对东道国的影响来分析跨国公司与东道国的关系，他认为跨国公司通过自己的国际分支机构网络把东道国的资源引入到中心国（母国），因而引发了东道国与跨国公司的矛盾关系。[1]

彭罗斯（Penrose，1968）构造了一个双边垄断模型框架：跨国公司控制自身专有资产和经营能力，东道国控制准入条件，双方展开博弈。彭罗斯认为，该模型可以客观地测量外国投资者的适当收益，跨国

---

① Hymer, S., "The Multinational Corporation and the Law Uneven Development", in Bhagwati, J. (ed.), *Economics and New World Order*, World Law Fund, New York, 1971: 25 – 27.

公司应该只获取吸引它们前来投资的最小收益，任何超额都将构成"剥削"。① 金德尔伯格（Kindleberger，1965）的观点则相反，按照他的分析，跨国公司有利用其资产和能力稀缺性的权利，只要行为得当，就没有理由认为它们在进行剥削。②

卡夫斯（Caves，1982，1996）采用的分析方法在于关注跨国公司行为绩效方面，即重点放在政府的对跨国公司股权结构和经济收益分配的规制方面，他把企业的效率与股权结构联系在一起，分析企业行为与东道国政府之间的互动关系。这种分析方法和假设实际上是建立在新古典福利经济学的规范性分析基础上。卡夫斯提出如下假设：每个国家都趋向于实际收入最大化；每一个跨国公司都有一个对其特有优势提供强有力支持的母国基地；每一个跨国公司都处于竞争的环境中，相对于东道国来说，对于外国投资的需求曲线是向斜下方延伸的；而跨国投资的供给曲线是向斜上方延伸的；东道国的政策对于本国企业和外国企业是有区别的。东道国对于跨国公司的政策管制在于外资股权结构、税收、竞争政策、技术的发明与转移、自然资源的租金等方面。对于东道国政府的规制，跨国企业趋向于用集中控制式的科层组织结构来控制其在东道国的生产。③

Encarnation、Wells（1985）④ 和 Kobrin（1984，1987）⑤ 从政治风险的角度来考量外国投资者与东道国政府的关系，他们认为在投资环境不确定性较强的国家，外国企业投资的产业容易受到东道国以国有化或

---

① Edith T, Penrose, *The Large International Firm in Developing Countries:The International Petroleum Industry*, London: Allen and Unwin,1968,pp. 238 – 254.

② .Charles P. Kindleberger, *Economic Development*, 2nd ed.,New York: McGraw – Hill,1965, p. 334.

③ Caves,R. E., *Multinational Enterprise and Economic Analysis*, Cambridge: Cambridge University Press (second edition),1996.

④ Encarnation,Dennis J. & Louis T.,Wells,Jr.,"Sovereignty Engarde: Negotiating with Foreign Investors", *International Organization*, 1985,(Winter): pp. 147 – 171.

⑤ Kobrin,Stephen J.,Expropriation as an Attempt to Control Foreign Firms in LDCs: Trends from 1960 – 1979, *International Studies Quarterly*, 1984,28(3): pp. 329 – 348. Testing the Bargaining Hypothesis in the Manufacturing Sector in Developing Countries, *International Organization*, 1987,41(4): pp. 609 – 638.

其他不同方式的掠夺，从而造成外国企业的损失。

Copithorne（1971）等人认为，跨国公司对于东道国政府的管制政策的主要应对策略是通过转移价格的方式来从东道国转移利润，以降低经济环境的不确定性。[①]

基于跨国公司和东道国之间矛盾冲突观点的谈判理论把两者之间的关系看做是一个谈判博弈模型。在博弈模型中，双方都可以利用其掌握的权力和资源为自己争取更大份额的利益，在不确定和无法证实的谈判过程中寻求自我利益的最大化（Fagre & Wells，1982）。[②] 在谈判理论的分析框架中，跨国公司的谈判能力来自于它所能够提供的资源和特有的所有权优势，而政府的谈判能力则来自于其对于市场的控制和特有的区位优势（Boddewyn，1988）。[③]

Grosse 和 Behrman（1992）从东道国政府与外国企业的目标属性来分析双方的矛盾关系，认为双方的目标的不一致性和相关利益的不对称性影响了投资谈判的进程和结果，如果一方没有备选的方案，则这一方的谈判权力就会被削弱，无法完全达到自己的目标和利益。[④]

主流的东道国与跨国公司关系分析框架是构筑在矛盾和冲突的假设前提基础上，而基于战略管理学和社会学基础的学者提出了两者合作关系的理论观点，认为资源共享是两者的最终选择，在这个理论观点中，跨国公司和东道国政府各自拥有互相需要的关键性资源。双方合作所产生的租金比双方任何一方单独控制资源的产出要大得多，因为东道国与跨国公司所拥有的资源是相互补充的（Dunning，1998）。[⑤] 在这个前提

---

① Copithorne，L. W.，"International Corporate Transfer Prices and Government Policy，*Canadian Journal of Economics*（4），1971，pp. 324 – 342.

② Fagre，N. & Wells，L. T.，"Bargaining Power of Multinationals and Host Governments"，*Journal of International Business Studies*，1982，Fall：pp. 9 – 24.

③ Boddyn，Jean. J.，Political Aspects of MNE Theory，*Journal of International Business Studies*，1988，19（3）pp. 341 – 363.

④ Grosse，R. & Behrman，J. N.，"Theory in International Business"，*Transactional Corporations*，1992，1（1）：pp. 93 – 126.

⑤ Dunning，J. H.，"An Owerview of Relations with National Governments"，*New Political Economy*，1998，3（2）：pp. 280 – 284.

下，合作关系理论认为，跨国公司将会长期与东道国共存，寻求与东道国的合作是企业的必然选择，而在东道国的企业将会融入所在国的社会经济交换体系中，而政府与外国企业的关系也是向着互利与互惠的目标发展（Luo, 2001）。①

Swain 和 Hardy（Swain, A. & Hardy, J., 1998）进一步从制度基础（Institutional Legacy）出发，认为如果不从国家和地区制度安排的角度，很难认识外国投资与区域经济的关系。他们以东欧和中欧国家为例，强调地方各种正规、非正规制度及政府行为对外国直接投资的影响。② Uhlir（Uhlir, 1998）从制度角度认为，在全球化过程中，国家和地方通过制度整合和制度调整等手段，妥善地利用区域制度资源而加强了地方的竞争力。政府对制度资源的不同配置及地方性的制度规则，是导致外资与地区经济组合关系差异的根本原因。③ 与跨国公司的深入接触，可以导致区域制度的进一步变迁，从而加速区域经济的转轨，以适应全球化的要求。

## 3.4.2 跨国公司与东道国政府的不完全契约分析

跨国直接投资能够给东道国带来正面的效应，与此同时也为东道国带来了一定的负面影响。因而东道国政府在鼓励外商投资的前提下，会采取一定的政策控制措施，来消除跨国公司对于本国的不利影响。从契约的角度来分析，东道国政府与跨国公司的契约关系是一种不完全契约。

---

① Luo, Y., "Toward a Cooperative View of MNC – Host Government Relations: Building Blocks and Performance Implications", *Journal of International Business Studies*, 2001, 32(3): pp. 401 – 409.

② Swain, A. and Hardy, J., "Globalization, Institutions, Foreign Investment and the Reintegration of East and Central Europe and the Former Soviet Union with the World Economy", *Regional Studies*, 1998, 32(7): pp. 587 – 590.

③ David Uhlir, "Internationalization, and Institutional and Regional Change: Restructuring Post – communist Networks in the Region of Lanskroun, Czech Republic", *Regional Studies*, 1998, 32 (7): pp. 673 – 685.

交易成本经济学认为填补契约不完全性的方式是事后的调适性治理结构的引入，在交易成本经济学看来，事后的调适性治理总是一种合作博弈，以科斯、诺思等人为代表的新制度经济学派将制度定义为一种博弈规则，青木昌彦（Aoki，2001）等人认为博弈规则是参与者主观意识和行为策略一致时自发演化的结果。而哈特等人则认为契约不完全导致的交易成本主要在于事后的敲竹杠行为会扭曲事前的专用性投资激励，因而主张问题的重点在于事前的激励和控制权的配置。在不完全契约理论基础上，我们可以对于跨国公司与东道国政府的不完全契约关系进行分析。

（1）契约事前的分析

东道国与跨国公司在签订投资协议时，协议的结果即契约的达成受到双方对于契约讨价还价能力的影响，谈判的直接结果体现了跨国公司在东道国的资本、技术参与程度。在寻求自我效益最大化的前提下，契约双方力求契约的条款符合自己的全部利益，但是由于双方的目标和利益多不尽相同，因此在签订契约时，就会出现契约与利益的冲突，如何决定契约的条款倾向于自己，这就需要发挥各自谈判能力来决定契约的签订。契约双方的谈判能力取决于其掌握资源的稀缺性以及双方对于资源的需求程度。

契约双方讨价还价能力的来源来自于以下几个方面：技术、产品差异化与多样化、市场进入、资本、竞争程度。

在技术方面，拥有先进技术的企业一般具有较强的讨价还价能力，某个行业的技术更新越快，发展中国家不依靠发达国家企业的帮助而进入这个行业的难度就越大，相反，一项技术越落后，发展中国家不需要外国投资者帮助就能获得和使用这项技术的机会就越大。根据 Fagre 和 Wells（1982）的观点，技术水平和讨价还价结果应当是相关的。弗农（Vernon，R.，1968）关于塑料行业和石油化工行业的数据分析实证了这一论点。①

　　资本对于企业的谈判能力是一个强有力的支持资源，大型跨国公司一般会得到东道国特别优惠政策，而规模较小的企业则很难获得额外的政府支持，因此说来，在资本规模方面，外国企业的谈判能力是与其带来的资本是正相关关系的。

　　在产品方面，差异性的产品是跨国公司与东道国谈判的重要筹码，差异性产品本身蕴涵的技术、品牌认知度等知识产权因素构成了较高的进入性壁垒，东道国尤其是发展中国家在拥有这类产品的跨国公司面前，谈判能力可能比较弱。另外，跨国公司能够提供产品的数量也是其谈判的重要资源，即跨国企业在东道国拟设企业产品的多样化情况，一般来说，产品种类越多，得到东道国政府政策优惠的可能性也就越大，这主要是由于多项产品比一项产品能够给东道国带来更多的资本和技术溢出。

　　在市场的进入方面，通常契约双方都会将其当做己方的谈判资源，在跨国公司一方，如果具有较强的市场进入能力，即开拓新市场的能力，其谈判能力随之增强，这表现在对拟设立的企业提供国际市场进入权的帮助程度，如果设立的企业具有较高的出口水平，给东道国带来一定的外汇收入，势必会受到东道国的欢迎。而在东道国一方，东道国市场的进入权也是政府用来谈判的砝码，在发展中国家，一些行业的市场管制还没有完全放开，政府在契约谈判时，通常会要求跨国公司提供较为优惠的投资条件来换取对管制市场的进入权，例如我国政府在金融市场的进入管制方面，通常要求外国银行在技术、管理和股权方面给中国有关方面带来一定的帮助和支持，同时又对于进入中国市场的外国银行在规模、声誉、技术和市场能力方面有严格的限制。

　　竞争程度是影响契约双方讨价还价能力的重要因素，不过，这项指标与各自的谈判能力是负相关的，即竞争程度越高，谈判能力越低。对

---

① Vernon, R., "Conflict and Resolution between Foreign Direct Investors and Less Development Countries", *Public Policy*, Fall, 1968, p. 346.

跨国公司来说，公司所在行业进入或即将进入某个东道国的企业数量越多，即该行业中投资的竞争者越多，其与东道国政府谈判的能力就越低。Grieco（Grieco，1982）对印度在计算机产业上的选择为分析制造业中东道国政府与跨国公司谈判的演进提供了实证：印度最初试图利用建立合资企业来控制跨国公司，但未取得有效结果，之后并没有通过排除外国竞争去建立本国计算机公司，而是允许本国公司向外国投资者采购零部件，允许跨国公司进入印度扩大经营规模。该战略通过竞争既降低了存储器的单位成本，又缩短了国外创新技术开发和国内采用创新技术之间的时滞，由此得出结论，发展中东道国政府可利用跨国公司之间的竞争来增强本国讨价还价的地位。① 这与卡夫斯的研究是一致的，即对于东道国来说，对于外国投资的需求曲线是向斜下方延伸的。

同样的原因，对于东道国政府，也存在着竞争的情况。在国家层面上，资金和技术在欠发达国家和地区是普遍稀缺的资源，因此发展中国家通常互相竞争以优惠条件吸引外国投资，这样，政府的谈判能力就会因为竞争而削弱，这也可以解释为什么许多发展中国家为吸引外资而放弃对外国资本的调控。在东道国的不同地区，也同样存在着竞争程度影响地方政府控制力度的情况。对于某一特定的外国企业，在决定进入东道国市场进行直接投资以后，它会面临在东道国不同城市或地区的区位选择，由于外国直接投资显而易见的好处，为了地区利益的最大化，发展中国家的不同地区的政府也会面临吸引外资的竞争。这样产生的后果是，各地方政府会降低或放弃对于具有实力的跨国公司的管制和调控，提高各自的激励和优惠政策，中央政府的投资激励政策会在地方政府手里被放大，而管制措施到了地方政府这边就会被缩小。

此外，东道国的自然资源、基础设施以及与企业相关的配套服务也通常是东道国政府（或地方政府）用来讨价还价的资源。

综合以上的各个因素来看，相对发达的国家在与跨国公司的谈判博

---

① Joseph M, Grieco, "Between Dependency and Autonomy: India's Experience with the International Computer Industry", *International Organization*, 1982, 36(Summer).

弈中占有优势，其谈判能力是不容置疑的。因此，在进入发达国家市场的跨国公司通常会接受东道国既定政策的管制。在发展中国家，由于资金、技术和管理的稀缺，以及数量众多的发展中国家和地区之间的竞争原因，对于跨国公司的谈判能力则相对发达国家较弱。

在契约的另一方，拥有大规模资本、先进技术和管理经验与开拓国际市场能力的大型跨国公司具有较强的谈判能力，在获得东道国政策支持和抵抗管制方面具有得天独厚的优势。相反，实力较弱、规模较小的跨国企业在与东道国国家政府或地方政府的投资谈判中不具优势。

我们还应看到，双方谈判能力的强弱不仅取决于各自的绝对实力，还取决于跨国公司能力和东道国能力大小的相对比较。如果跨国公司的力量相对强大（比如世界 500 强这些超级垄断型跨国企业），则跨国公司就可能具有强大的讨价还价能力。反之，如果东道国具有非常强大的资源租金（比如石油等稀缺自然资源，或稀有的垄断市场准入权），或跨国公司之间的竞争非常激烈，则东道国的谈判能力会强于跨国公司。

（2）契约事后的分析

在东道国政府与跨国公司的契约关系中，双方的契约控制能力是具有时间动态变化效应的，在签订投资契约前，发展中国家的东道国由于是投资的被动接受方，在谈判中处于相对劣势，而跨国公司则处于相对优势，从跨国公司来看，它拥有市场稀缺的垄断资源，如强大的技术、资金、管理、营销手段，拥有国际市场营销能力，有母国的支持，这些都是同东道国谈判的筹码。因而在谈判之初，跨国公司的讨价还价能力是非常强大的，这时东道国政府或地方政府需要采取一定的激励政策以吸引外资，但是一旦契约签订后，外国投资者进入东道国开始经营，随着厂房、设备、技术等专用性投资的投入，外国投资者的沉淀成本也随之增加，这时，双方的谈判能力也就随之发生了变化，跨国公司在东道国的沉淀成本会加大，沉淀成本在某种程度上成了东道国的"人质"，从而削弱了跨国公司的讨价还价能力。东道国的控制优势逐步增加，而外国投资者对于契约关系的控制优势逐步减少，对契约的控制权也随着跨国公司的专用性投资的沉淀而逐步转移到了东道国政府或地方政府一方，在契约事后的讨价还价中，东道国占据了有利的谈判地位。事实上，跨国公司与东道国政府双方的讨价还价能力在不同情况下是不同的，随着时间的变化而变化。东道国存在事后机会主义优势（实施国家掠夺或承诺不兑现），这比对跨国公司事前的机会主义更容易给对方造成危害，东道国政府单就这一行为来说，显然更容易阻吓跨国公司的投资。但是东道国对于外国公司的行为，任何一次事后的机会主义对于该跨国公司和其他跨国公司来说都是可信威胁，成为先验概率，导致下一次或其他的契约关系的中止或规则变化。因此，由于声誉效应的影响，东道国在采取事后的机会主义时会谨慎从事，从而约束了东道国事后违约的倾向。

此外，政府代理人的机会主义行为也会对外国投资者造成实际侵害，从而影响跨国公司对于专用性投资的激励，形成契约双方的实际福利损失，由于东道国政府是由政府官员作为代理人行使权力的，而政府代理人势必会以个人利益为前提，在大多数发展中国家，法制还很不完善，对于政府官员的制约和监督不够，政府官员往往出于个人目的，对于所在地的外国投资企业进行利益剥削，对于已进入企业的投资行为产生负面影响，对于未进入企业产生示范效应，从而影响东道国政府的声誉，阻碍外国直接投资的进入。因此，对于政府代理人的行为约束是降低投资契约履约风险的必要前提。

由于东道国是政策和规制的制定者，各东道国都越来越认识到对跨国公司进入后的活动进行引导和控制的必要性。这些规制包括：所有权控制，经营要求（比如使用当地劳动力和原材料、技术转移等），真实公布信息，禁止不正当竞争行为，环保，利润汇回，外汇管制等。这些控制权优势不同于国家掠夺，因为它们是合法的、正当的。故此东道国政府的控制能力不仅来源于事后机会主义，而且来源于对跨国公司的合法控制权。

从契约合作的角度来看，在经济全球化视野下，政府和跨国公司都有较强的动机进行互惠合作，当这种合作持久进行时，跨国公司与东道国政府的关系逐渐植根于并受制于互惠规范的社会交易，这进一步强化了合作。跨国公司与东道国政府关系的发展过程是一种经济性建构。就经济性建构而言，构建跨国公司与东道国政府的关系是一种认知过程，在该过程中跨国公司与东道国政府依赖彼此拥有的资源，以实现各自的经济目标。东道国政府与跨国公司之间的控制与反控制关系仍然存在，但表现形式已截然不同。东道国政府不再采取强力控制行为，代之以"柔性"控制，而跨国公司则调整其政治行为和组织承诺，对东道国政府产生政治适应性，积极响应和贡献于社会需要或政府关注（如教育、控制污染和卫生设施建设），也就是说，跨国公司在东道国经营时，不能仅仅关注其经济利益（货币收益），还要承担起社会责任。

## 3.4.3  东道国对于外国直接投资的激励与控制

由于国际直接投资会对于东道国产生积极的和消极的两种重要影响，因而各国政府会制定种种政策措施，尽量利用其积极影响，抑制其消极影响。一般来说，东道国制定的国际直接投资政策主要包括对跨国公司直接投资的规模、选址和构成而采取的一切措施和手段，可以分为投资激励和投资控制两大类，东道国通常同时运用激励和控制措施来调控跨国公司的直接投资。

### 3.4.3.1  东道国对跨国公司的投资激励

一般把东道国政府对跨国公司的投资激励定义为政府鼓励国际直接投资的所有政策措施。对于东道国投资激励制定方面，其含义和作用是这样的：在考虑激励政策效应时，应当比较没有投资激励时的情况，同时投资激励不是强制性措施，是相对性的吸引外国投资者的激励措施。对于投资者来说，投资激励不是意外的收益，它必须在外国投资者投资决策之前而不是之后改善预期的利润率。

从激励产生的作用的类型来划分，可以将投资激励划分为直接激励和间接激励两类，直接激励是指专门针对国际直接投资而采取的政策措施，能够直接刺激外国投资者的决策行为，如对于外商投资企业的税收减免。间接激励是指并没有专门针对吸引外国直接投资的目的，但是却可以改善投资环境，能够起到间接吸引 FDI 投资作用的政策措施，如一国或一个地区某项税率或税收程度的调低，以及政府对于外国投资者保护措施和政府效率的改善等等。

### 3.4.3.2 东道国对跨国公司的投资控制

东道国对于跨国公司直接投资行为的控制是指政府限制或指导国际直接投资的政策措施。许多国家，基于各种原因对于国际直接投资进行控制，如一些关系国家利益的行业，如国防、公用事业、通信、传媒、金融和关键自然资源的开采，国家会采取一定的控制措施对跨国公司在这类领域的经营活动进行限制。一般可以分为以下几个方面：

（1）对跨国公司进入的控制

不少国家列出一些行业，规定外资企业只能有限度地从事经营或根本不允许经营。另一方面，对于另外一些行业，政府则特别提供激励措施，欢迎跨国公司进入。就政府程序来看，对于 FDI，政府会规定外资审批程序，在准入之前由政府进行审查，以决定其性质和影响，最终决定是否允许进入东道国。在审查程序上，绝大多数发展中国家对于外国直接投资都实行较为严格的个别审查制度，而发达国家则通常采取较宽松、简便的申报制度。另外，东道国还会制定引导投资产业目录，确定 FDI 的优先次序，明确规定哪些产业、部门禁止外资进入，哪些产业、部门限制其经营活动，而哪些产业、部门则是鼓励的。

（2）对外资企业所有权的控制

对于一些限制行业，东道国会限制外资的参与程度，体现于规定在限制产业范围内外资允许参股，不允许控股或独资。

（3）对资本利润汇出的控制

有些发展中国家对于跨国公司投资资本汇出规定一定比率，对于利润、股息、技术转让费汇出的限制较为常见。

（4）对外资企业行为的控制

一般东道国政府会用特定政策措施指导外资企业从事东道国希望他

们做的事情，如要求一定比例份额的产品出口，如一定份额的投入品必
须由东道国本地企业来提供，在东道国建立研究与开发设施等等。

（5）对进入当地资本市场的控制

对于进入当地资本市场获得资金，不同国家有不同的控制措施，如
规定按外国股权比例决定在东道国内的借款数额；在企业设立前禁止在
东道国获得资金，而在设立后，可以不加限制；或允许在资金市场自由
借贷，但不允许进入证券市场直接融资等等。

### 3.4.3.3 对于外国直接投资政策的激励效应和控制效应评价

1955 年由 Barlow 和 Wender 对 247 家跨国公司的对外投资战略进行
了调查。仅有 10% 的公司把税收优惠看做是对外投资的激励条件，另
外只有 11% 的公司认为东道国政府对跨国公司的鼓励政策可以刺激投
资，两项激励效应相加，位居货币可兑换性、不没收财产和东道国政治
稳定等市场环境因素之后。1961 年 Robinson 对 20 个国家 205 家对外投
资公司进行了调查，这 205 家公司在 67 个国家建立了 365 个投资项目，
Robinson 调查的东道国政府列举的吸引外资的五个最重要因素为：①税
收减免；②跨国公司与东道国厂商受到平等待遇；③良好的国内环境；
④利润和资本转移的良好条件；⑤政府担保的信贷机构。然而，被调查
的跨国公司认为的五个最重要因素是：①东道国应当制定和严格遵循国
家发展政策；②不歧视外国公司的拥有和控制；③避免对跨国公司的组
织、所有权和管理进行调控；④赢利机会；⑤允许进入新市场或保持原
有市场以扩大或维持销售。因此得出了一个重要结论：在关于影响投资
的主要因素方面，政府和外国企业的反应存在相当大的区别。1983 年，
Lim 发现财政刺激并非吸引外国投资的必要条件，重要的是东道国拥有
资源并有良好的经济运营记录。根据 1987 年 Cable 和 Persuad 等人对于
英联邦国家的调查，跨国公司的投资决策主要取决于对于一国总体吸引
力的评价，其中包括较大的东道国国内市场以及该国所在的区域市场。
与此相反，低廉的劳动力成本、税收和金融刺激不太重要，比较重要的

是长期的政治、社会和经济稳定，以及有助于贸易活动的总体环境。①
因此，我们可以推断，在影响外国投资的效应方面，政治、社会和稳定
的经济环境和市场规模至关重要。具体的投资激励在一定程度上影响跨
国公司的投资决策，但是不如对于投资安全性的保障因素重要。

对于投资的控制尽管能够避免一些外国直接投资所带来的负面影
响，但是，会对外国投资的进入产生负面影响，因而对于东道国来说，
并非完全有利。首先，对于跨国公司进入领域的限制虽可以保护命脉产
业和幼稚产业不会受到外来的冲击和控制，但是这也会导致这些行业的
低效率和产品的低质高价，最终导致福利的损失。其次，对于外资企业
的所有权限制有可能导致较高的社会成本，也有可能成为跨国公司进行
转移定价的重要原因。此外，由于持有专有技术的跨国公司对于其技术
的保护，有可能妨碍高质量技术的引进。另外，有些投资调控措施的有
效性也难以评估，如对于以出口导向为基础的跨国公司，关于出口水平
的规定就形同虚设，如果要求外商投资企业购买东道国当地企业生产的
零部件，而当地企业生产的零部件质低价高的话，就会影响外商投资企
业的生产效益，从而会影响跨国公司的投资决策。就投资政策而言，东
道国政府与跨国公司的目标和利益都是不尽相同的，跨国公司为了赢利
才到东道国投资经营，而东道国政府则根据国家利益对跨国公司进行控
制。事实上，每个国家的政府都在不同程度上进行外资调控，而在吸引
外资的前提下，如何尽可能减少对于跨国投资行为的消极影响，是进行
外资控制的关键。

进入 21 世纪后，全球投资自由化的趋势已使各发展中国家的吸引
外资政策趋近相似，特别是各东道国为了争取外资竞相提供优惠时，就
已降低了优惠政策的实际效果。跨国公司如果有更多的投资地点选择，
就会对东道国提出更高的要求。事实上，跨国公司更加重视政局稳定、
基础设施完善、劳动力素质高等因素，所以，越来越多的国家已经开始
不把重点放在给予优惠上，而日益着重于制度建设上，更加重视健全法

---

① 参见杨宇光著:《经济全球化中的跨国公司》,上海远东出版社 1999 年版,第 65~66 页。

制、强化知识产权保护、提高政府效率、改进服务、加强对劳动力的培训等措施。

## 3.5 国际合资企业的契约关系

跨国公司进入东道国市场，除了要解决与东道国政府的契约关系，还必须决定其进入模式，即进行投资的股权方式是独资还是与当地企业合资。由于市场环境的不确定性，跨国公司出于自身资源和能力的考虑，以及东道国的规制情况，有时会选择与东道国企业合资。从契约理论的角度来研究国际合资企业，企业中最重要的契约关系应该是跨国公司与东道国当地企业的契约关系，它决定着合资企业的生存和发展。

### 3.5.1 不同理论对于合资企业的研究

资源理论（Resource - based Theory）把合资经营看成是加强企业竞争能力和地位的手段，认为企业是资源的异质性集合体。企业控制的资源包括企业的资产、能力、信息和知识，获得信息的能力，以及技术和市场进入的途径。这些资源使公司有能力选择和实施战略来加强组织的效率和有效性。有价值的、稀有的和难以完全模仿的资源形成了异质性企业竞争优势的基础。在解释合资企业的形成方面，资源理论认为，跨国公司利用合资来获得稀缺资源，优化其资源配置。不同种类的互补资源（Complementary Resources）不仅是企业竞争优势的来源，也是企业建立合资关系的原因。互补资源的识别、选择、获得和管理是合资企业成败的关键。Hitt（2000）等人在2000年发现，互补能力是选择合资伙伴最重要的标准之一。无论是来自资源丰富的发达国家的大公司，还是资源较为贫乏的新兴市场中的小公司，选择合作伙伴时这个标准非常重要。[1] Glaister 和 Buckley（1996）发现：获得互补资源才是跨国公司公司采取国际合资的主要原因，而不是互担风险或是规模经济。[2] Stuart（2000）发现，对于那些不具有技术资源和资本资源的较新、较小的公司来说，更倾向于合资经营。[3] 互补的资源不但可以获得规模经济、创造协作，而且可以用来发展新资源、新技术和新的竞争优势。而互补资源具有不可流动性、不可模仿性和不可替代性，所以若想获得这些资源，形成合资或合作关系就是很好的选择。根据资源理论，合资关系的竞争优势是资源在合资关系中的使用价值超出其如果被售出价值的部分。企业竞争优势的获得，关键在于如何有效地利用和整合资源，如果企业能通过其他的方式更好地利用资源，与当地企业建立合资关系就不是最佳选择。使公司资源价值最大化的过程充满了不确定性，这些不确定性来源于公司面临的市场、技术和竞争环境。对于企业合资关系中的风险与防范，合资时双方企业对资源的配置跨越了自身的边界，促进了不同企业知识与能力的相互补充，同时，合资关系也不可避免地带来企业自身知识与能力的流失与扩散。

知识与组织学习理论把合资经营看成是获取或转移组织知识资产的机制。由于企业在技术创新中持久的竞争优势更多的是建立在企业拥有的经验型知识基础上，而经验型知识存在于组织程序与文化中，其转移是一个复杂的学习过程，因此，组织学习的过程也是知识资源转移的过程，企业若要不断适应动态的环境，就要不断地学习。学习新知识的能力可以帮助公司实施促进业绩的战略。知识与组织学习理论认为，合资经营是解决经验型知识转移的有效途径，进而扩充乃至更新企业的核心

① Hitt, M. A., Dacin, M. T., Levitas, E., Arregle, J., L. & Borza, A., "Partner Selection in Emerging and Developed Market Contexts: Resource – based and Organizational Learning Perspectives", *Academy of Management Journal*, 2000, 43: pp. 449 – 467.

② Glaister, K. W. & Buckley, P. J., "Strategic Motives for International Alliance Formation", *Journal of Management Studies*, 1996. 33: pp. 301 – 332.

③ Stuart T. E., "Inter Organizational Alliances and the Performance of Firms: A Study of Growth and Innovation Rates in a High – technology Industry", *Strategic Management Journal*, 2000, 21: pp. 791 – 811.

能力。企业作为一个学习型组织，可以通过合资合作经营的"从相互作用中学习"、"产业间外溢"等基本的学习途径不断提高，进而达到增强企业竞争优势，改善企业整体经营效率的目标。Anand 和 Khanna（2000）的研究表明，合资形式的学习效果比特许形式强，而 R&D 形式的合资比其他形式的合资学习效果强。① 合资关系的形成仅为企业提供了学习的条件，合资双方的文化差异、先前的经验、公司的吸收能力、知识类型、学习的壁垒以及双方的特性、关系都会影响学习的效果。Barkema、Bell 和 Pennings（1996）的研究表明，合资双方之间文化差异越大，合资企业的寿命越短，合资双方先前拥有的跨国合作经验有助于合资企业的成功。② Kale、Singh 和 Perlmutter（2000）发现合资双方的关系资本越多，学习达到的程度越好，而双方保护自己核心资产的能力就越强。③ Shenkar 和 Li 的研究揭示，一般公司趋向于通过合资形式而不是协议投资形式获得隐性的深层次的知识。④

交易成本理论把合资企业形式看做是一种避免或减少讨价还价等市场不确定性的企业间合作机制，威廉姆森（1975，1985）从资产专用性假设、人的有限理性假设和机会主义假设出发，证明了在动态的市场中契约是不可能完备的，然后在比较了短期契约、长期契约与一体化三者的优劣的基础上，得出一体化可以有效避免市场交易由大数目条件向小数目条件转变而产生的双边依赖可能带来的一系列风险。交易成本理论对于国际合资企业的观点在于，当完全内部一体化由于竞争的交易成本很高或者受到限制时，从事合资生产就是较好的选择。因此，形成合资的最主要目的是通过组织公司边界上的扩展活动，减少总的交易成本

① Anand, B. N. & Khanna, T., "Do Firms Learn to Create Value? The Case of Alliances", *Strategic Management Journal*, 2000, 21: pp. 295 – 315.

② Barkema, H. G. Bell, J. H. & Pennings, J. M., " Foreign Entry, Cultural Barriers, and Learning", *Strategic Management Journal*, 1996, 17: pp. 151 – 166.

③ Kale P. Singh H. Perlmutter H., " Learning and Protection of Proprietary Assets in Strategic Alliances: Building Relational Capital", *Strategic Management Journal*, 2000, 21 (Special issue): pp. 217 – 237.

④ Shenkar, O. & Li, J., " Knowledge Search in International Cooperative Ventures ", *Organization Science*, 1999, 10: pp. 134 – 143.

和生产成本，从而获得相当于内部组织的如下优势：改善激励、增强控制手段以及保证信息流程的畅通。Kogut（1988）认为，由于市场交易的困难和较高的交易成本，资源互补的交易各方建立合资企业的交易方式，相对于其他方式的治理结构，是有效率的。① Hennart（1991）认为市场交换中如果存在较高交易成本，就会使交易各方倾向于合资经营以避免中介成本，此外，拥有可流通资源的一方，可以通过合资契约输送己方的资源给另一方，以获得对方不可流通的资源。当互补资源无法复制或由于不可分割资产的存在使得完全的兼并无法实施时，合资企业是一种有效的治理结构选择。② Nakamura 和 Yeung（1994）从交易成本理论事后治理的角度研究合资企业的所有权结构，他们的研究发现，在许多发展中国家，合资企业的外方投资者通常负责合资企业的技术知识和市场资源，而这些资源和知识对于东道国当地的合资伙伴来说是稀缺的，由于事后合资伙伴可能的机会主义，以及这些外国投资者专用性投资容易扩散和被侵占，外国投资者通常在合资企业中力求保持多数股权的治理结构，以保持对于这些供应给合资企业的资源的控制。同时由于持有合资企业多数所有权和随之而来的对于合资租金的多数剩余索取权，外国合资者具有足够的激励来监视事后合资伙伴的搭便车和机会主义行为，保持对于其拥有的知识产权的绝对控制，以防止专有技术的扩散。③

此外，Barkema（1997）等人还利用进化的观点解释跨国合资企业的经营和运作。④ 而 Reuer（2000）利用阶段理论解释合资企业的生命

① Kogut, B., "Joint Ventures: Theoretical and Empirical Perspectives", *Strategic Manage*, 1988, 9, pp. 319 – 332.

② Hennart, J., "The Transaction Costs Theory of the Multinational Enterprise", In: Pitelis, C. N. Sugden, R. (Eds.), *The nature of the transnational firm*, Routledge, New York, NY, 1991.

③ Nakamura, M., Yeung, B., "On the determinants of foreign ownership shares: evidence from U. S. firm's joint ventures in Japan", *Managerial and Decision Econ.*, 1994, 15, pp. 95 – 106.

④ Barkema H. G., Shenkar O, Vermeulen F., Bell J. H. J., "Working abroad Working with others: How firms learn to operate international joint ventures", *Academy of Management Journal*, 1997, 17: pp. 426 – 442.

周期，探讨了母公司的价值与国际合资企业生命阶段的关系。[①]

## 3.5.2 跨国公司与东道国企业合资契约的分析

### 3.5.2.1 契约双方的签约动因

（1）资源的互补与共享动因

资源的互补与共享是跨国公司与当地企业组成合资企业所追求的目标之一，也是合资双方签约的必要条件之一。资源可以分为有形资源和无形资源两部分，有形资源在使用上的耗费形式上使其不具有共享性，但是由于跨国公司和当地企业所拥有的资源不近相同，因而可以通过合资的形式进行资源的重新分配，例如，在发展中国家的当地企业一般缺少资金，就可以利用跨国公司充足的资本优势来增加竞争优势，而当地充分的自然资源也可能是外国企业所短缺的，因而合资企业是双方资源重新分配的一种生产形式。无形资源并不因为使用而耗费，因而具有共享性。例如技术、管理知识、商誉、市场渠道等。当地企业可望通过合资的形式来分享外国合作者的技术、管理及品牌资源，而跨国公司则可以利用当地企业的区位资源来绕过市场壁垒，通过合资企业达到市场的进入。有形资源的再分配和无形资源的共享可以通过组成国际合资企业的形式使合资双方达到各自的目标。

（2）共担风险的动因

由于市场的不确定性，企业会面临着各种风险，既有政治、经济、技术所造成的风险，也有企业经营导致的风险。外国企业在进入东道国之后，也会面临由于陌生的经营环境所导致的经营风险，一些承担风险能力较弱的跨国公司会选择当地企业进行合资来分担可能会遇到的风险。同样，当地企业在经营过程中由于资金或技术上的困难，也会通过

---

① Reuer J. J., "Parent firm performance across international joint venture life cycle stages", *Journal of International Business Studies*, 2000, 31: pp. 1 – 20.

与外国企业合资的形式来分散经营风险。

（3）获得信息和知识的动因

由于信息的不对称性，契约双方持有各自特有的信息内容，而对方的信息优势则构成了己方的信息稀缺性。跨国公司进入当地市场，面临着对当地市场的信息和知识的匮乏，需要通过与当地伙伴的合作来学习东道国的经营方式和经验。另一方面，当地企业的发展缺乏有效的技术信息和产品信息，也想通过合资的方式来学习合作伙伴的特有信息知识。这也是双方合资的重要原因。

（4）扩大市场的动因

在全球化经营的环境下，市场份额在企业经营中所占的地位越来越重要，市场份额的扩大是企业经营所追求的重要目标。跨国公司为了进入一些保护性市场，会选择与东道国当地的企业合资合作的形式来达到曲线进入的目的，当地企业由于缺乏国际市场渠道也会选择外国企业作为合资伙伴来拓展国际市场。扩大市场的目标是促使合资契约双方签约的重要因素。

### 3.5.2.2 对于合资契约关系的分析

不完全契约关系下，未来不可预期的或有事件则因为契约双方的有限理性、行为和环境的不确定性而无法由契约界定。这种发生在事后能够被双方观察但无法被第三方证实的或有事件，将影响交易主体事先的专用投资。交易不可契约化可能带来事后"敲竹杠"以及相应的再谈判过程和利益分配问题，同时，由于预期到事后的问题，交易双方事先的选择会导致一定程度的专业投资不足。为了最大化不完全契约关系下的交易效率，产权安排或者更确切地说是控制权分配是极为重要的。控制权的配置取决于多种要素特征，包括专用资产特征、专用资产对于交易主体的重要程度、谁应该对激励负最大的责任等等。

Grossman 和 Hart（1986，1995）将不完全契约的分析过程划分为事前和事后两个阶段。事前阶段的行为包括：交易参与方事先签订原始契约，以确定合作关系；之后参与方根据预期进行专用投资决策，以实现自身企业效率最大化。事后阶段企业行为包括：进一步决策，以确定可观察但是无法证实的事后产出状况；最后，交易方通过谈判实现，同时实现的还有利益分配。由于事先预期到可能存在的敲竹杠问题，事后阶段会影响企业事前专用投资决策，并带来专用投资不足问题。不完全契约理论正是构架在以上相对独立的 2 个阶段内的模型分析的基础上。

（1）事前阶段与约束

①签约方的选择

合资企业有效运作的关键是选择未来正确的合作伙伴，良好的合作伙伴即契约的签约方必须符合以下条件：（a）契约双方的目标兼容性，尽管合资双方的目标通常并不一致，但是，契约双方对于合资企业的发展目标必须保持一致，而合资企业的发展也必须符合双方的利益。（b）契约双方对于合资企业的贡献具有互补性，合作伙伴如果能弥补合资企业缺乏的关键性资源，使契约双方对企业的专用性投资相互产生互补效应，则合作关系将比较稳固。

在选择合资伙伴时，不仅要对合资伙伴的实力进行评估，还要对于其的相关情况如无形资产、企业文化、价值观点进行评估。对于这些因素的了解由于信息的限制而比较困难，因此，跨国公司在建立合资企业时，通常从小规模和小范围入手，通过合作获取信息和知识，对合资伙伴加深了解，然后再加大合作的规模和范围。

②初始契约

签订初始契约需要确定与交易相关的规则（Matouschek，2004）。[①]任何产权结构下的交易行为，都需要一定的正式契约（包含一系列交易条款）作为基础。合资契约通常也会像一般契约一样，规定合资双方的权利、义务以及合资企业的经营、管理、战略等方面的问题。合资企业是由不同国家的母公司所拥有的独立的法人实体，国际合资企业需要双方母公司通过股权投资确定在合资企业中的所有者地位，确定与交易相

---

① Matouschek, Niko, "Ex Post Inefficiencies in a Property Rights Theory of the Firm", *Journal of Law, Economics and Organization*, 2004, 20(1).

关的最优产权结构。产权问题，是不完全契约理论核心的问题。决定选择结果的力量来自于不同产权治理结构对应的事后交易效率。在分析产权问题的时候，不完全契约理论所探讨的核心问题是产权，产权决定了控制权的分配。从理论上讲，剩余控制权可以由跨国公司也可以由东道国当地企业任何一方拥有，但是，根据专用投资和产出的特征，控制权主要来源于企业的产权，也就是说，企业的股权结构决定了企业控制权的分配，因此在签订合资企业的契约过程中，对于股权的争夺成为谈判的焦点。由于掌握多数股权就可以确保对于人事、经营、决策等日常经营管理的控制权，因此，合资契约除了规定企业正常的经营发展问题外，最重要的就是合资企业的所有权比例问题，契约的任意一方拥有了控股权，就拥有了未来合资企业的实际控制权。

③专用性投资

从资产专用性的角度来看，合资契约双方的投资可以分为一般性投资和专用性投资，专用性投资的风险在于，如果契约不能履行或提前终止，就不可能在影响价值的条件下改变这种专用资产的用途。专用性投资与较强的风险是联系在一起的，往往专用性越强，投资的风险就越大。契约双方的关系专用性投资可以分为以下几类：投资于固定生产设备的资本、专有技术、较易扩散的知识技能、差异性产品以及专利性知识产权等。在合资企业的契约框架中，技术、知识等专有投资虽然可以在事后可以用来继续投资，但是由于这一类无形资产具有易扩散性，一旦进入合资企业就会容易被学习和模仿，从而丧失其先进性和竞争优势，造成其价值损失。因此通常持有这类专用性资产的企业会在契约签订时注意防止其专有知识不会外溢，为了保护专用性投资不被侵害，企业的控制权必须由做出了重要专用性投资的一方掌握（哈特，1995），由于控制权在契约中的事先配置是由股权控制实现的，因此。在跨国公司与当地企业的合资契约中，外方通常会尽力要求控股，以保证资金、技术、差异性产品等专用性投资的安全。

（2）事后阶段与约束

①收益实现与敲竹杠问题

　　初始契约和投资之后，企业还可能需要根据事后的或有事件进行进一步决策，以实现收益，由于缺乏完全的事先契约，会激发事后敲竹杠问题。Klein（1996）在分析有关 Fisher Body 和 GM 的经典案例之后，认为存在两种敲竹杠问题：初始契约确定之后，交易方利用专用化投资后谈判能力发生变化影响转移价格；交易环境发生变化，企业即便按照契约的内容执行，但仍然可能产生违背契约原始意愿的行为。① 在国际合资契约签订以及双方的关系专用性投资发生后，由于契约的不完全特性，合作伙伴的机会主义行为通常会给做出重要的专用性投资的一方造成伤害，因此，由于契约的不完全性，以及环境和契约方行为的不确定性，使合资企业的契约关系充满了不确定，合资契约双方蕴涵了潜在的矛盾和冲突。根据不完全契约理论，由于敲竹杠问题，需要企业事先就产权签订契约，事后的剩余及其分配都将由产权关系决定。从事后的角度来研究和推断，通常具有资本和技术实力的跨国公司也会要求绝对的控股来保证其能够应付契约关系内可能的冲突和风险。

　　②交易与再谈判

　　由于收益可以被交易双方观察，但是无法经由第三方证实。所以再决策后，企业所能改变自身收益状况的唯一行为就剩下通过谈判力争提高对已有租金份额的分配比例，收益分配的方式成为交易方事先专用资产投资的动力，因此在国际合资企业经营过程中，如果企业经营良好，通常就会出现一方提出增资扩股的要求，从事后交易的分析也可以推究出跨国企业为了追求收益最大化而采取转移价格增大利润分配的动因。

　　客观存在影响谈判结果的因素是非常多的，包括市场竞争环境、交易期间专用投资以及替代因素等。再谈判过程中的另外一个重要问题是谈判双方所拥有的信息无法完全对称，客观存在的信息不对称将影响再谈判效率，甚至导致谈判失败，反过来会在一定程度上影响事先的产权安排。

---

　　① Klein, B., "Why Hold – Ups Occur: The Self – Enforcing Range of Contractual Relationships", *Economic Inquiry*, 1996, Vol. 34, Issue 3: pp. 444 – 463.

### 3.5.3 外国母公司和当地母公司与合资企业的 双重契约关系

从契约的角度来看，合资双方对于企业投入了资源，形成了所有权共有的合资项目，为了本方的关系性专有投资安全，都会要求对于企业的剩余控制权，因而合资企业是处于两方母公司的共同控制之下，形成了合资企业母公司双方双重控制的契约关系。根据 Geringer 和 Hebert 的研究表明，缺乏对于企业有效的控制会阻碍母公司对于合资企业提供有力的资本和技术方面的支持，同时也会使母公司缺乏对于合资企业配置关键性资源的激励，母公司在投入其关键性资源后，为了保护关键资源的安全，会追求对于合资企业的控制权，因而会造成母公司之间的控制权冲突（Geringer & Hebert，1989）。[①] 对于与合资企业的关系契约，外方与当地母公司是不均衡的。在合资企业内部，由于跨国公司和东道国当地公司所处的制度环境是不同的，而且它们受到的文化、经济和法律约束也各不相同，这些差异也造就了双方不同的管理和控制机制，双方在合资经营的理念和方式上会存在矛盾和冲突。

跨国公司和当地母公司有着巨大的空间和文化差异，相对于跨国公司，当地公司更加熟悉合资企业所处的当地环境，同时由于地域的便利，也会更容易地控制和监督合资企业。相对而言，由于外国企业对于东道国当地环境的不适应和陌生，使得跨国公司对于在当地独立经营存在困难，在依靠当地企业的同时，为了保护本身的专有资源，跨国公司也会更加注重对于合资企业控制权的要求。

从交易成本的角度来看，当地母公司和跨国公司与新成立的合资企业存在的交易和契约关系，由于各自不同的特性和承受不确定性的程度不同，它们的交易成本是不同的，另外，制度优势和对于当地环境的熟

---

① Geringer, J. M. & L. Hebert, "Control and Performance of International Joint Ventures", *Journal of International Business Studies*, 1989, 20(2): pp. 235 – 254.

悉程度的差异也造成在寻求和获得准确信息方面的交易成本的不同，交易成本形成的效率损失会影响投资者改善企业效率结构的行为，也会刺激投资者对于控制权的加强。在目的上，跨国公司追求的是东道国市场的进入和在东道国市场中的竞争优势，当地公司则主要是从外国伙伴那里想得到技术和管理知识，双方对于目标的不同也会造成一定的企业经营矛盾，从而造成合资企业多边契约关系的不稳定。

# 3.6 独资企业的母子契约关系

相对于国际合资企业，在所有权模式和控制权集中度上，独资企业都与海外母公司保持着紧密的契约关系。不同于上市公司或大型跨国母公司本身具有分散的所有权，独资子公司的所有权完全被海外母公司所持有，因而独资子公司的正式控制权和实际控制权都紧紧地掌握在母公司手里。独资子公司是母公司价值链的组成部分，是母公司战略行为的执行者，因而，国际独资企业的契约关系具有委托代理关系的契约特征。

一般而言，海外子公司在设立初期所承担的初始角色是由母公司的战略动机所决定，具体表现为母公司在东道国战略体系的构建和战略导向性资源的输出。由于控制权的完全掌控，跨国公司的资金、技术以及其他知识产权可以由全资子公司安全使用，因此不用担心核心资源的扩散，其关系是一种稳定的委托代理契约关系。母公司对于独资子公司的行为实行监督和控制，并完全享有其剩余收益以及独自承担子公司经营的风险。

母子公司契约关系是基于产权基础而建立的，这使得跨国公司能够以较低的协调成本通过法定程序将自己的战略意图贯彻到子公司的经营活动中，跨国公司可以通过战略、文化、内部管理制度、人事安排和财务管理等控制手段对于在东道国的独资公司进行协调和干预（杨忠，

2004)。① 独资子公司在很大程度上依赖于外国母公司关键资源的支持。

　　在契约性质方面，由于独资公司与母公司的空间距离，会出现母、子公司之间信息不对称的情况，但是由于其所有权的高度集中，使得控制权也趋于集中，剩余索取权与剩余控制权基本相匹配，所以独资公司经理人的代理人内部控制情况并不像股权分散的上市公司那样严重。

## 3.7 独资企业与合资企业的比较

　　合资企业形式的优点主要是：①可以充分发挥各投资方在资金、技术、原材料、销售等方面的优势，构成组合优势，如跨国公司有先进的技术、产品和管理，而当地企业有当地市场的完备经验和销售渠道。跨国公司可以充分利用当地公司的资源和优势，通过合资经营，形成竞争能力。②分担风险，合资企业通过投资的分散化，较之于独资企业能够降低投资者面临的投资风险，根据国际直接投资的特点，外国投资面临的不确定性主要来自于两个方面，一是经营风险，二是政治风险。经营风险是每个企业形式都面临的不确定性的一部分，跨国公司在进入陌生国家市场尤其会遇到知识和信息的搜寻的困难，加大在东道国经营的交易成本，失败的可能性也随之增大。通过引入当地公司的合资，一方面可以分担投资成本，另一方面通过合资伙伴的资源贡献，降低企业失败的概率。在政治风险方面，东道国政府的政策和当地民族主义情绪可能会引发对于外国企业的政治风险，合资企业通过当地合作企业的加盟，降低了跨国公司与东道国之间的政治、文化差异，不易受到东道国民族意识的抵制，更容易被当地政府和人民所接受，容易取得优惠待遇，从而减少投资风险。③在经营上较少受到各种限制，有助于打入东道国的市场。由于合资伙伴可以通过与跨国公司的近距离合作学习到外国企业的技术和知识，因而合资企业形式存在较强的技术溢出效应，一般东道国政府鼓励合资形式，东道国政府通常通过以市场换技术的手段来吸引

---

① 参见杨忠：《跨国公司及其子公司治理结构分析》，载《南京大学学报》2004 年第 4 期。

外国资本与当地企业创办合资企业，以提高本国企业的技术创新能力和培养本国企业的竞争能力。因此，通过合资企业的形式，跨国公司能够进入以独资形式无法进入的市场领域。

但是合资企业形式也存在很大的缺点，由于投资各方的出发点不尽相同，短期与长期的利益不尽一致，在共同的经营管理中容易产生分歧和冲突，影响企业的经营。此外，合伙人参与合资企业的经营有可能造成企业技术标准和销售服务的降低，从而影响跨国公司差异性产品的品牌优势，间接影响企业的竞争优势。在母公司对于合资企业的控制与协调方面，由于合资伙伴的参与，跨国公司在执行其全球性计划和战略方面，会受到经营伙伴的制约，在战略上不如独资公司具有较强的统一性和协调性。另外，由于所有权优势的专有性具有转移的性质，与东道国合伙人共同建立合资企业，将会导致专有性的无形资产迅速扩散。东道国的企业可以通过"边干边学"成为跨国公司的竞争对手。因此，跨国公司在技术控制上既要充分发挥技术的优势，又要防止核心技术过早地泄露，当合资所取得的收益不足以弥补企业为防范其"技术外溢"所花费的成本时，跨国公司就会转向选择具有较高控制程度的独资经营。

独资经营的优点是：①能够将子公司的生产经营活动直接控制在母公司之下，保证子公司按照母公司整体战略行事，实现公司整体利益最大化。②能够有效维护母公司的技术垄断地位、技术经营秘密以及标准化产品质量和商标信誉等，并获取超额垄断利润。③能够避免由于同其他企业合资而引起的种种不稳定因素、产生的矛盾和利益冲突。

其缺点在于，子公司所承受的政治及其他经营方面的风险较大。此外，在获得市场进入权方面，会比合资形式阻力大。

与合资企业相比，独资企业由于跨国公司完全享有企业的所有权和控制权，尽管所需投资的资本量大，风险也很高，但是企业的经营管理可以按跨国公司意志进行，受外界干扰较少，也可以避免在合资企业中常见的与合资伙伴的矛盾与冲突。独资经营能更好地保护跨国公司的生产专利或技术、经营管理经验等无形资产，同时又可阻止东道国的企业分享由这些无形资产所带来的垄断利润或租金。但是，独资的方式在经营上往往受到东道国比较严格的限制，容易受到当地民族意识的抵制，经营的风险较合资企业大。

# 4　跨国公司对于进入模式的选择

　　进入（Entry）是现代产业经济学研究的核心问题之一，所谓"进入"是指一个企业进入新的市场或业务领域，开始生产或提供某一特定市场上原有产品或服务的充分替代品。一般情况下，进入某一市场反映了在生产领域企业数量的增加、市场总供给的增加，从而提高了竞争强度。"进入"国际市场体现为有形资产和无形资产的跨国界转移，跨国公司要成功地进入国际市场，在选定了要进入的市场之后，最关键的问题就是确定进入模式（Entry Mode）。进入模式是指跨国企业的产品、资本、技术、管理等生产要素进入他国市场的途径以及相关的制度安排。市场进入模式一般分为三种：贸易式进入、契约式进入和直接投资式进入。通过出口销售产品的途径，即所谓贸易式进入方式；通过无形资产的转让，如向东道国市场转让技术知识、管理经验、企业品牌和商标等，就是所谓的契约式进入方式；通过对东道国市场的直接投资，包括各项资源的转移，即所谓的直接投资式进入。本书研究的跨国公司进入模式，就是指直接投资进入模式。跨国公司对外直接投资的进入一般包括两个方面：一是对东道国的资本进入，二是对东道国特定的产业市场的进入。

## 4.1　国际直接投资进入模式的所有权和控制权特点

　　在国际市场进入的三种模式中，贸易模式是最易行的进入外国市场的方式。从历史演变来看，很多企业的跨国经营都是从出口开始的，企业通过出口，可以降低资本投入，减少在缺乏东道国国市场经验时投资进入的风险，同时，可以通过接触东道国市场，了解目标市场的需求和特点，积累初步的国际化市场经验。但是，与直接投资相比，通过出口贸易进入方式了解东道国市场有一定的局限性，另外，贸易形式的一次性和非标准性，不利于企业控制海外经营活动。相比而言，三种模式中，贸易模式控制权水平最低，风险也最低。

契约式进入是用签订合同的方式，由跨国公司向东道国的技术购买方转让在一定时间内使用其工业产权的权利，收取一定的费用和报酬，这里工业产权是指专利使用权、商标使用权、外观设计权以及专有技术。契约形式主要包括许可证协议、特许专营、管理合同、交钥匙工程等。在采用契约式进入方式时，将无形资产的使用权等作为无形货物输往国外，等于扩大了企业的无形贸易，开拓了国外市场，跨国公司使用这种方式对于东道国市场的参与和资源投入要求较低，因此，其投资成本和投资风险相对较小。并且在贸易壁垒和国际投资壁垒较高的情况下，能够克服这些壁垒，较为灵活地进入外国市场，一般认为，技术许可的总体风险要大于出口而小于国际直接投资进入模式。

直接投资进入是指向东道国目标市场转移多种资源，建立经济实体，并由企业控制其生产经营。这是一种用股权控制的进入模式，直接参与和控制被投资企业生产和经营管理活动。国际货币基金组织（IMF）对此的定义是：在投资者以外的国家所经营的企业中拥有持续利益的一种投资，其目的在于对该企业的管理具有有效的发言权。在这里的发言权就是对于企业决策和经营的控制权，这种控制权是使直接投资进入模式区别于其他市场进入方式的根本要素。直接投资进入模式又称为企业进入模式，从控制权和所有权的特点来区分，分为独资方式与合资方式，合资方式又可以分为少数股权合资、对等股权合资和控股合资几种。建立跨国企业进入模式的优点是可以在东道国就地生产，靠近目标市场或能够低成本而有效地配置资源，信息反馈快，能够及时调整策略并且充分利用东道国的资源优势。与其他方式相比，建立拥有股权的企业形式更容易形成和发挥经营优势。

　　三种市场进入模式中，贸易和契约方式一般不涉及股权或资产所有权，控制权程度较低，进入风险也相对较低。但是，国际贸易进入易受到贸易壁垒的影响，对于产品进入东道国市场的过程无法控制。控制权程度较低也是契约式进入模式的一个重要缺陷，跨国公司虽然可以在契约中以种种限制条件来达到控制东道国企业的目的，但由于技术授权只是有限度的投入，因此无法进行深入有效的控制，由于无形资产具有公共产品的性质，契约投资的方式易导致知识型的无形资产的扩散，东道国的企业通过许可证制度获得"边干边学"（learning - by - doing）的效应，因而，有可能在东道国培养潜在的竞争对手。直接投资进入方式被认为是跨国公司拓展海外市场的高级形式，一般在跨国公司发展到较为成熟时期才开始这类投资进入模式，由于企业要进行资本、技术、管理等一揽子投资，因此经营成本和经营风险相对较高，但是由于能够控制在东道国的企业经营，因此能够达到获取资源、争夺市场以及获取规模经济等多种目的。根据"折衷范式"的分析，只有具备了相当条件的跨国公司才能充分利用直接投资进入模式。

## 4.2　对于直接投资进入模式的不同研究

　　国际直接投资进入模式的选择对于跨国经营有着决定性的影响，它对于企业的决策和战略至关重要，因而一直是国际投资理论研究的前沿问题（Wind & Perlmutter，1977）。①对于跨国公司直接投资进入模式的划分主要是根据其股权控制方式划分为独资和合资两种方式。对于企业进入模式的研究则分为以下几种主要观点。

　　（1）交易成本理论和内部化理论（Williamson，1975；Buckly and Casson，1976；Henart，1982）。此类理论认为跨国公司的股权安排是建立在对不同股权安排的成本与收益分析基础上的，跨国公司根据交易成

---

　　①　Wind，Yoram & Howard Perlmutter，"On the Identification of Frontier Issues in International Marketing"，*Columbia Journal of World Business*，1977，12，pp. 131 - 139.

本最小化的原则选择其海外子公司的股权安排。[1] 在这种视角研究下，跨国公司倾向于通过提高股权比例，来解决因信息不对称、市场失灵以及机会主义行为所造成的内部交易成本问题。在威廉姆森的交易成本组织理论的基础上，Anderson 和 Gatignon（1986）在资产专用性的条件下，研究了跨国公司的组织结构，认为交易成本最小化是设计跨国公司组织结构的基础，他们认为跨国公司的进入模式选择是一种适应长期风险的效率机制，有四个关于最优控制水平的关键条件决定进入模式的选择：交易性专用资产，外部环境的不确定性，内部行为的不确定性和潜在的搭便车行为。进入模式是由控制水平决定的。全部股权的独资企业进入方式是最高水平的控制。[2] 在此基础上，Anderson 和 Weitz（1986）利用交易成本理论建立了一个分析框架来研究跨国公司的纵向一体化和企业营销问题。[3] Erramilli 和 Rao（1993）修改了交易成本的理论框架，以此来分析服务业的国际进入方式，并实证得出结论：跨国公司通常青睐于高水平控制的进入模式。[4] Lu（2002）认为交易成本在分析跨国进入时偏重于静态分析，因而不能解释跨国进入模式的变迁，他把制度变迁因素引进交易成本分析中来说明进入模式的动态变化。[5] Brouthers（2002）在交易成本的分析基础上加入制度变量和文化因素变量，他指出目标市场中产权受到的侵害增大了交易中的风险，制度因素显示了这种市场状态，文化差异因素加大了管理成本，也增加了东道国市场的不确定性。通过经验数据的检验，他得出结论，认为在跨国进入时考虑了

① Buckly,P. & Casson,M., *The Future of the Multinational Enterprise*, New York：Homes and Meier,1976.

② Anderson,Erin and Hubert Gatignon,"Modes of Foreign Entry：A Transaction Cost Analysis and Propositions", *Journal of International Business Studies*, 1986,17,pp. 1 – 26.

③ Anderson,Erin and Weitz,Barton A., "Make – or – Buy Decisions：Vertical Integration and Marketing Productivity", *Sloan Management Review*, 1986,27,pp. 3 – 20.

④ Erramilli,M. K. and C. P. Rao,"Service Firm's International Entry – Mode Choice：A Modified Transaction—Cost Analysis Approach", *Journal of Global Marketing*, 1993,57,pp. 19 – 38.

⑤ Lu,Jane W.,"Intra – and Inter – Organizational Imitative Behavior：Institutional Influences on Japanese Firms' Entry Mode Choice", *Journal of International Business Studies*, 2002,33（1）, pp. 19 – 37.

制度、交易成本和文化因素的进入模式比那些没有相关联系的进入模式市场表现要好。① Meyer（2000）通过研究德国和英国跨国公司在东欧国家的投资行为，得出结论认为，在转型经济市场中，不完全和不确定的制度加大了跨国公司的交易成本，也影响到了跨国公司的进入模式选择。② 尽管交易成本经济学是解释跨国进入的主流理论，但是还存在着明显的缺陷，如交易成本就是一个抽象和不可度量的变量，在跨国经营中的实际利用价值很有限。其次，交易成本理论忽视了政府管制的因素，实际上，政府管治的因素对于跨国进入模式的选择起到了极大的影响。另外，交易成本理论还先验设定了跨国进入模式的目标是企业利润最大化，忽视了跨国公司对于市场、资源的战略目标的追求。

（2）谈判能力理论。认为跨国公司母公司的谈判实力决定了其海外投资分支机构的股权结构，跨国进入模式的选择是由跨国公司与东道国政府以及潜在的当地合伙人之间通过一系列的动态讨价还价过程所决定的（Fagre & Wells，1982；Lecraw，1984；Kobrin，1987）。③ 跨国公司的谈判能力随着跨国公司赋予东道国利益的增加而提高，随着东道国内部市场吸引力的增大而减小。该理论强调了东道国政府对于跨国企业股权水平管制是影响进入模式选择的重要因素。

（3）发展阶段理论。这个理论是建立在 Johanson 和 Paul（1975）的理论研究基础上，主要研究小型和中等规模的跨国公司的国际化过程，认为中小型跨国公司的国际化进程是一个缓慢的增长过程，是地

---

① Brouthers，Keith D.，"Institutional Culture and Transaction Cost Influences on Entry Mode Choice and Performance"，*Journal of International Business Studies*，33（2），2002，pp. 203 – 221.

② Meyer Klaus E.，"Institutions，Transaction Costs，and Entry Mode Choice in Eastern Europe"，*Working Paper No.* 34，2000，*CEES*.

③ Fagre，N. &Wells，L. T.，"Bargaining Power of Multinationals and Host Governments"，*Journal of International Business Studies*，1982，Fall：pp. 9 – 24；—Lecraw，D. J.，"Bargaining Power，Ownership and Profitability of Transnational Corporations in Developing Countries"，*Journal of International Business Studies*，1984，15（2）：pp. 27 – 43；—Korbin，S. J.，"Testing the Bargaining Hypothesis in the Manufacture Sector in Developing Countries"，*International Organization*，1987，41（4）：pp. 609 – 638.

域、文化和贸易的逐步扩展。① Brooke（1986）在此基础上，研究了进入模式的选择，他认为，进入模式是建立在企业的发展阶段水平上，在企业的国际化初期阶段，倾向于贸易或合资方式，而到了发展的成熟阶段，倾向于独资形式的进入模式。②

（4）组织能力理论。该理论是基于组织理论的基础上，由 Aulakh 和 Kotabe（1997）③以及 Madhok（1998）④ 发展起来的，组织能力理论认为企业是由个体经验、组织和技术组成的能力和知识的集合体，组织能力、经验的本质和形式对于理解跨国公司的国际化经营特别是它的进入方式选择非常重要。跨国进入模式和企业的边界是与企业的组织能力紧密联系在一起的，企业能力的发展和企业能力的配置决定了跨国进入模式的选择。跨国公司如果拥有较强的知识基础和组织能力，则倾向选择高股权的进入方式以获得竞争优势。但是这个理论也有一定的局限性，企业与效率有关的决策会受到分工协作的影响而使其组织能力改变，因而对于其所有权的影响是有限的。其次，企业战略的选择不仅依赖于组织能力，而且依赖于组织效率，在组织能力理论中，企业组织效率因素的分析还需要进一步发展。此外，组织能力理论还忽视了政治因素和社会因素对跨国公司进入决策的影响。

（5）战略行为理论。该理论认为跨国公司对于进入模式的选择是根据其发展战略的需要而决定的，股权安排是跨国公司实施全球战略控制的手段（Hill，1990）。⑤ 大型的跨国公司集团为了获取整体协同效应，势必要对位于不同国家的子公司的经营进行较高水平的控制。

---

① Johanson,J. and Paul F. Wiedersheim,"The Internalization of the Firm: Four Swedish Cases", *Journal of Management Studies*, 1975,12（3）: pp. 305 – 322.

② Brooke,Michael Z, *International Management: A Review of Strategies and Operations*, London: Hutchinson,1986.

③ Aulakh,Preet S and Masaaki Kotabe,Antecedents and Performance Implications of Channel Integration in Foreign Markets, *Journal of International Business Studies*, 1997,28（1）,pp. 145 –175.

④ Madhok,Anoop,The Nature of Multinational Firm Boundaries: Transaction Costs,Firm Capabilities and Foreign Market Entry Mode, *International Business Review*, 1998,7,pp. 259 – 290.

⑤ Hill Charles,Peter Hwang and Kim W. Chan,An Eclectic Theory of the Choice of International Entry Mode, *Strategic Management Journal*, 1990,11,pp. 117 – 128.

（6）战略决策理论。该理论认为进入模式的决策应该被看做是多阶段的决策过程，它将进入模式的选择看做是动态变化的选择过程，在决策过程中，市场进入方式的目的和与环境相关的风险和成本都是这一理论考虑的范围（Kumar and Subramaniam，1997；Pan and Tse，1999）。① 这个理论的特点是注重最优进入决策的制定过程和步骤，认为随着时间的发展，东道国的制度环境和市场环境会发生变化，跨国公司也获得了自身经验的积累，其投资策略也会随之变化，从而会产生股权后续安排行为。该理论对于跨国公司的股权安排作了动态的解释，因而比其他方式具有可操作性。但是，这一理论的缺陷也是显而易见的，它忽视了在决策过程中组织本身的关键作用。

（7）折衷理论。邓宁（Dunning，1980，1988）的折衷理论认为企业从事国际直接投资是由该企业自身拥有的所有权优势、内部化优势和区位优势三大因素综合作用的结果，因而企业的进入方式也会受到这三种因素的影响。如果跨国公司的技术、经营、组织和资本能力明显，它就会倾向于选择风险较大的高股权水平方式进入以获取较高的收益，如果企业无法预测未来的不确定因素或不具备很强的资源和技术整合能力，它就会选择低股权控制程度的进入方式。当现实需要很强的全球协同和内部化能力，选择高控制程度的进入方式在东道国建立企业，更符合跨国公司的全球战略。

## 4.3 基于不完全契约和控制权视角的进入模式分析

在交易成本理论看来，市场交易是有成本的，无论任何企业或个人，组织经济交易的基本原则是使总的交易成本最小化。从签约过程来

---

① Kumar, V. and Velavan Subramaniam, A Contingency Framework for the Mode of Entry Decision, *Journal of World Business*, 1997, 32（1）, pp. 53 – 72. Pan, Yi Gang, Li Shao Ming and D. K. Tse, The Impact of Order and Mode of Market Entry on Profitability and Market Share, *Journal of International Business Studie*, 1999, 30（1）, pp. 81 – 103.

看，交易成本可以分为三种类型，搜寻成本、签约成本和监督与履约成本。由于市场存在着不完全性，交易成本会因此而加大。当交易成本达到一定程度时，会引起市场失效，为使交易成本最小化，企业的科层制度就会取代市场机制，使市场交易内部化，从分析框架和分析方法上来看，内部化理论就是交易成本理论在国际直接投资理论研究中的应用。

交易成本理论认为，企业是不同于市场的科层制组织，它具有市场调节机制所不具备的权威控制功能，能够削弱交易者破坏契约整体利益的机会主义倾向，减少信息不对称的影响，具有处理契约不完全所造成的争端和冲突的功能，通过企业内部科层的控制，能够建立可靠的、有组织的制度秩序，从而减少交易成本。在交易成本理论看来，市场交易中的不确定性和机会主义会因为交易双方的一体化而消失，因此，关于合资企业，如果单就企业的性质来看，其内部并不会存在矛盾和冲突，内部的机会主义也是不存在的。然而，在交易成本理论的分析框架中，合资企业内部通常存在着机会主义和高于独资企业而又低于市场的交易成本，在此，交易成本理论出现了解释上的矛盾。

通常关于独资企业与合资企业的区别，内部化理论和交易成本理论的解释是他们之间的内部化程度不同，在以利润为导向而不是政策为导向的环境中，独资和合资形式互有优势，从而适应不同的情况。由于机会主义的存在，使得市场交易方式很难约束交易双方的行为，并导致高的交易成本，而采取独资形式可以通过内部化活动来限制机会主义行为，但通常会导致过高的内部组织成本。合资经营方式通过股权安排可以在相当程度上克服机会主义，并且也能获得内部化利益，因而具有较强的适应性。在这里，合资形式是介于企业与市场之间的一种中间品形式。但是，在国际直接投资进入模式的选择方面，同是属于科层组织的合资企业模式与独资企业模式之间，两种企业的差别在哪里？为什么会有这两种不同的经营方式？在这里运用交易成本理论的分析方法显得有些力不从心。

格罗斯曼和哈特等人在威廉姆森等人的基础上进一步解释了企业性质以及一体化的决定因素。在他们看来，企业内部依然存在着由于契约不完全所造成的机会主义行为，因而企业的控制权是非常重要的，一个企业是由它所拥有或控制的那些资产所构成，企业的所有权决定了企业的控制权。由于契约是不完备的，企业契约包含的权利有两种：特定权利和剩余权利。特定权利是契约中可以写明的权利，剩余权利是契约中没有写明或写入成本很高的权利，所有权实质就是对于这些剩余权利的控制。哈特（1989）注意到了资产专用性在影响中心签约代理人身份中的作用。他指出，合作安排中高度专用性资产的所有者处于被合作方代理人的机会主义行为所伤害的地位，这种所有者对中心签约人地位的评价高于其他人，即这个所有者应成为一体化后的控制者。哈特与摩尔（Hart & Moore，1990）指出，契约的不完备意味着一个人当前行动的未来收益取决于他事后的谈判地位，而后者是无法通过最初的契约加以控制的。资产专用性的存在意味着行为主体的市场能力或谈判地位取决于他所进入的资产和方式，因而将对资产的所有权的配置非常敏感。在投资进入模式的不完全契约关系中，跨国公司为了保持对于下属企业经营和未来收益的控制力，一定会把进入模式的股权安排当做首要问题。

## 4.3.1 控制权与风险的均衡

在企业理论中，控制权体现在对于企业经营、决策给予影响的能力，对于企业的发展具有决定性的作用。在国际直接投资与经营中，跨国公司可以通过其控制权协调各项行动、实施战略、调整战略以及解决契约双方为追求各自利益而产生的矛盾和冲突。进入者可以运用控制权来获得海外企业中更大份额的利润。因此，控制权是跨国公司获得更高回报的一个途径。

单就控制权的优势来讲，企业肯定希望能够进行有效的控制。但是控制权的获得往往需要很高的成本，首先，控制权需要资源的投入，包括高昂的间接费用，这样也反过来产生了转移费用，降低了企业转换制度安排的能力，资源的投入同时也增加了控制权所有者暴露在外的风险。另外，为了进行控制，进入者必须承担在国外环境中不确定决策的责任，也就是说，控制权的增加也促进了跨国企业投资风险的增加。①

在我们看来，控制权是风险和收益的重要决定因素，高控制权进入模式会提高所有者的收益，但同时也意味着风险的增加。低控制权的进入模式使资源投入最小化，但也放弃了一些回报。因此，跨国公司会在风险与收益之间调整其进入模式的控制权水平。

## 4.3.2 基于所有权的进入模式

在国际直接投资中，进入模式被看做是一种制度安排，一个可能的进入者有很多的选择方案。在独资与合资方式中，独资形式是最高水平的所有权与控制权进入模式，在合资形式中，又可分为高控制模式、中等控制模式与低控制模式。高控制模式是指在合资契约中拥有绝对多数股权或相对多数股权，绝对多数股权是指超过50%比例的企业所有权，相对多数股权是指在存在多个合资伙伴时，虽然企业股份不超过50%，但是成为拥有相对多数股份的大股东。中等控制模式又称对等控制模式，指跨国公司与合资伙伴拥有同样多的股份，即对等权益和对等控制权，各拥有50%的合资企业股权。低控制模式是指跨国公司以参股方式进入合资企业，在企业中拥有少数股权，控制能力较弱。

独资企业为进入者提供最高程度的控制权，在合资形式中，绝对多数股权与相对多数股权为跨国进入者也提供了较高程度的控制权，而对等股权和少数股权的中低控制模式是合资形式中跨国公司介入程度较低的形式，提供的控制权较少，但是相对来说，投资风险程度也较低。

## 4.3.3 对于进入模式选择的分析

在契约理论中，影响建立契约安排的基本因素是由资源的使用范围

① Anderson, Erin and Gatignon, Hubert, "Modes of Foreign Entry: A Transaction Cost Analysis and Propositions", *Journal of International Business Studies*, 1986, 17, pp. 1 - 26.

决定的专用性问题，同样对于跨国投资进入模式的股权安排上，专用性资产决定着企业建立时各种资源签订契约的相对谈判能力以及由此产生的契约关系，并影响着企业生产经营过程中的团队生产效率。专用性是由企业资源的物理因素所决定的，这些物理因素决定了资源的使用范围，一项资源实现其最高价值的使用方式和途径越少，这项资源的专用性程度就越高，这就意味着专用性越高的资源在改变其使用方式和用途时，资源的拥有者损失就越大，因此专用性程度高的资源拥有者对于契约的稳定性要求就越高，其对于契约的特定控制权和剩余控制权程度要求就越高。

具有不同专用性的资源在企业生产经营过程中的作用和地位各不相同，它们对企业价值实现的作用不同，专用性高的资源，生产效率较高，例如企业的专有知识技术等，这些专用性资产一旦离开企业或因泄露而丧失竞争力，就会影响企业的经营发展，企业的价值就会因此而受损，在不同的经济环境下，各种资源的相对稀缺程度会发生变化，因此物质资源和人力资源都可能是企业的关键资源。这些处于企业核心地位的资源具有较高的专用性，它们对企业发展具有举足轻重的作用，其所有者理应成为中心签约人。同时由于资源的价值受团队业绩的影响越大，资源的所有者就越依赖于团队，越需要企业活动的正常延续，控制企业的欲望也就越强。因此可以推断，拥有核心关键性资源的跨国公司必然倾向于掌握在东道国下属企业的控制权。

在大量的风险和不确定性因素下，跨国进入模式的选择是控制权和资源投入之间的均衡。我们可以从以下几个角度来分析跨国公司对于进入模式的选择。

（1）专用性投资。从保护专用性投资的角度出发，跨国公司会采取较高控制权程度的进入模式。

对于跨国公司来说，其跨国进入资本的投入越大，其资产专用性就越强，就需要高程度的控制权提供对于专用性投资的保护。如果选择合资的方式，在面临无法避免的内部冲突时，沉没成本就越容易成为交易对象的"人质"，因此，大规模的跨国投资，就会趋向选择独资或控股的形式。

从人力资本交易的角度来看，专有技术和知识属于企业的所有权优势，是其拥有的专用性资产，这些专用性知识资产受到传输和价值判断风险的影响，很难越过组织的边界向外传送，同时，在知识透露前，交易对方不知道知识的真实价值，造成无法估价，使合作无法进行。但在知识透露之后，交易方又可以拒绝为其支付费用。专用性知识的无法显示性，迫使知识拥有者趋向于自主开发，因而导致很高程度的所有权，从而对于跨国进入的控制程度也随之增高。

从产品和技术的专用性角度分析，新技术和新产品具有较高的专用性和专有性水平，一项新产品或新技术只有研发的企业能够了解其内容和市场情况，为避免商业机密的泄露，企业需要进行有效的控制。因此，新技术或新产品会由高控制水平的独资公司来经营。

相反，进入模式中投资的专用性水平较低，则跨国企业会采取低控制水平的进入模式。技术和产品的知识在市场中扩散之后，技术和产品的专有性程度会降低，替代性技术的竞争者增多，技术转移费用也会下降，跨国进入者对于专用性资产的保护程度也会随之降低，进入模式也会采取低控制权水平。

（2）环境的不确定性。在国际化经营中，环境的不确定性是影响进入模式的重要因素，外部的不确定性通常分为东道国的政治、经济、文化等制度因素对于企业进入的影响，对于企业，这些因素是给定的外生变量，是无法控制的。一般来讲，在不稳定的环境中，进入者选择低控制进入模式会比较好，这种模式不仅能够避免大量的资源投入的风险，而且在环境变化时也能够使进入者相对容易地更换合作者或重新安排契约条款，也使撤出较为容易。所以，在环境不确定的情况下，低控制进入模式保持了进入者的灵活性。

但是，如果将专用性投资与环境的不确定性结合在一起的话，进入模式的选择就会因情况不同发生变化。当进入者投资的专用性程度较高时，环境的不确定性使进入者面临较大的风险，反而加大了跨国投资者保护其专用性资产的倾向，从而提高了对于控制权的需求。高控制水平的进入模式成为首选。而投资专用性程度较低时，环境的不可预测性不会改变违约选择，企业采用低控制水平仍然能应付变化的不确定性，进入者不需要运用高控制就能保持灵活性。

（3）内部的不确定性。在不完全契约理论中，企业内部的不确定性就是指契约合作对方的行为的不确定性，也就是机会主义行为。在这里，我们认为内部的不确定性不仅包括合作方的机会主义行为，还包括因为在跨国经营这个特定的范畴中，由于文化和利益观念的差异所造成的内部行为的不确定。

在国际直接投资中，社会文化差异是造成内部不确定性的一个重要因素，一般认为由于进入者与东道国之间的文化和社会差异，使跨国公司的进入阻力加大，高控制权会增加对于进入者的抵触，同时由于考虑到对于东道国市场的学习效应，进入者会可能倾向从低控制方式进入，通过对于当地合作伙伴的学习，了解当地市场，而随着经验的增加，跨国公司对于在东道国经营的信心和能力都会大大提高，在后续投资进入模式的选择上，则会趋向高控制模式。

与不完全契约理论的静态分析不同，本书对于跨国进入的控制权分析是基于动态的观点。不完全契约理论的分析得出的结论是：控制权是解决不确定性问题的手段，隐含的理论含义就是不确定性问题越强，就要求控制权程度越高，然而，在这里，控制权是动态的，我们将企业赋予知识的学习效应和对环境的适应效应，从而得出不同于以往的结论。

# 4.4 影响进入模式股权安排的因素

对于影响跨国进入模式股权安排的影响因素，可以分为外部因素和内部因素两个方面来研究。

（1）外部因素

东道国政治因素。主要是指一个国家的政治稳定程度、对于外资的态度以及相应的政治风险。较小的政治风险将会鼓励跨国公司的进入。现有的文献表明，跨国公司一般会通过限制在政治风险较高的国家的投入水平来避免损失，在其他条件不变的情况下，当国家风险较高时，跨国公司趋于选择股权较低的进入方式。因此，在风险程度较低和政局稳定的国家，独资形式的进入模式通常为跨国企业采用。反之，会采用投资风险较少的合资形式进入。从全球的宏观角度来看，与投资相关的政治风险有减少的趋势。

东道国经济因素。主要是指东道国经济的稳定程度、经济状况以及未来变化趋势。如东道国国际收支的变动情况、币值的稳定程度，这些因素都将会给跨国公司的进入模式带来一定的影响。如果东道国国际收支的不断恶化，导致本币贬值等一系列因素则会导致跨国企业采取风险规避的政策，在股权安排上会趋于合资形式。反之，独资形式的进入模式会有利于跨国公司在稳定的东道国经济环境中从事经营和运作。

东道国政策法律因素。指法律体系的完善程度和与涉外商务相联系的政策法规状况，以及对跨国公司的法律态度。限制外资的政策会导致进入模式的改变，如对一些产业的准入限制，会导致跨国公司采取合资的方式来避开东道国的限制壁垒，而宽松的政策法律会导致跨国公司的独资化倾向。从法律制度的完善质量因素来看，在法律制度和制度效率不完善的发展中国家，跨国公司会采取独资的形式来增加对子公司的控制以避免由于合资所造成的内部争端所带来的损失。

东道国社会文化因素。这一因素是指东道国与跨国公司母国的文化差异，当两国人们的价值观、语言、社会结构、生活方式以及宗教信仰的差异较大时，在东道国建立独资企业会面临很高的环境成本，合资企业会较为有利一些，通过当地企业的加盟，跨国公司的母国文化色彩被稀释，降低了企业与东道国之间的文化差异，遭到当地的民族意识的抵制也会较少，Catigon & Anderson（1988）的研究表明，较高的社会文化差距，使跨国公司更加愿意采取部分所有权而不是完全所有权。因此，通常在文化背景差异较大的东道国，对于在当地运作经验较少的跨国公司来讲，通常倾向于建立合资企业来完成市场的初次进入，随着跨国公司经验知识的增加，以及子公司与当地的文化融合，本土化的跨国公司也会采取独资的形式来新建其他的子公司。

东道国市场因素。主要表现为市场规模以及市场竞争结构对于进入模式的影响。如果市场规模较小，独资形式对于跨国公司就不合适，相反，市场潜力大则会引起跨国公司独资进入经营的倾向。在市场结构方面，在东道国自由竞争的产业进入过程中，跨国公司可以充分发挥其资源优势，因而通常会采取独资的方式；而在存在垄断的产业进入过程中，为了绕开非政策性壁垒的阻碍，跨国公司通常会倾向于同当地在位垄断企业建立合资企业，以获得一定的市场份额，降低竞争风险。

生产因素。当东道国原材料、劳动力等资源丰富且获得容易时，对于跨国公司来说，独资企业形式比较符合其利益需求，而当跨国公司单独获得其必须资源较为困难时，则倾向与当地企业合资生产以获取当地的生产资源。

（2）内部因素

产品因素。产品自身的属性对于进入模式有很大的影响，从产品生命周期的角度来看，处于新产品阶段的产品，一般情况下，其生产都是安排在母公司生产的，不会作为子公司的产品，因为这时候，产品需要保持其特有优势和竞争性，只能用于出口，而到了产品成长和成熟阶段，由于竞争的加剧需要大力开发国外市场，跨国公司选择直接投资进入东道国建立企业，在这个时候，为了保护其差异性产品的知识和技术不会扩散，跨国公司通常会采取独资建厂的方式来保持其技术优势。当其产品处于衰退期时，产品意味着已趋成熟普及，技术也变得容易扩散，最为有利的方式是采取合资等低控制、低投入的方式，以便当市场需求下降或改变时，容易改变进入模式或便于撤出。从产品的要素依赖程度来看，倾向于东道国资源依赖型的企业会大多选择与东道国企业合资，而跨国公司资源依赖型企业（如资本依赖型或技术依赖型企业）会倾向于独资。从产品的差异性来看，差异性较大的产品具有更大的特定优势，其利润创造能力也较强，同时，对于其差异性的保护要求也较高，因此差异性较大的产品几乎都会偏向于采取独资，以独享其产品租金和保护其特定优势。而差异性较小的产品则一般采取合资的方式较多。

　　资源因素。跨国公司技术、资本、管理技能、营销技巧和营销渠道等资源相对丰富，其进入模式的选择余地就越大。在其他条件不变的假定下，资源优势越明显的跨国公司就越可能选择独资形式作为其进入模式。Park & Lee（2001）对美国、韩国和中国香港跨国公司在中国山东的实证研究表明，如果跨国公司对东道国的当地资源依赖性不强，且产品以出口为主，则选择独资经营的比例要更大。[①] 同样假设条件下，优势不强或资源不足的企业只能考虑以较少资源投入的方式与东道国当地企业通过合资建厂的形式进行资源互补。在另一个方面，跨国公司对于东道国市场的知识也是企业进入股权安排的一个重要因素，Gomers - Casseres（1989）的研究表明，跨国公司对东道国的熟悉程度与其在海外投资公司的股权占比呈正相关。[②] 而 Delios & Beamish（1999）的实证研究也提供了有利的证据，如以跨国公司在东道国经营年限衡量其海外经营经验，则其股权所占比例与在东道国经验呈正相关关系。[③]

　　企业战略因素。主要是指企业从总体战略目标出发选择进入方式。此时选择独资或合资的进入模式并不是因其进入成本低，而是对其提高竞争能力有利。通常，跨国公司为了其战略目标，会不计代价地选择在短期内对己不利的股权安排模式，如为了达到对管制市场的进入，会用较低的股权与东道国企业以进行合资。在实现了其战略目标后，再通过增加股权的方法来实现控制权的增加，最后实现完全的所有权。

　　市场进入的时间因素。指进入时机对进入模式的影响。随着经济全球化程度的提高，很多国家都在致力于改革开放，出现了许多新兴市场，进入这些市场会受到快速进入的经济成本和过晚进入的机会成本的重要影响。较早的市场进入会带来较为丰厚的利润，而过晚进入会面临

　　①　Park，B. & Lee，K.，"Comparative Analysis of Foreign Direct Investment in China：The Korean，the Hong Kong，and the United States Firms in the Shandong Province"，Seoul National University：*Institute of Economic Research Working Paper*，No. 40，2001.

　　②　Gomes - Casseres，B.，"Ownership Structures of Foreign Subsidiaries：Theory and Evidence"，*Journal Economic Behaviour and Organization*，1989，11，pp. 1 - 25.

　　③　Delios，A. & Beamish，P. W.，"Ownership Strategy of Japanese Firms：Transactional，Institutional and Experience Influences"，*Strategic Management Journal*，1999. 20(10)：pp. 915 - 933.

激烈的竞争和市场变化的风险。为了较早地进入新兴市场，企业通常会采取在时间上快捷的进入方式，如一些发展中国家像巴西、中国、印度等对于不属于优先发展的行业规定本国企业在开始时应占有多数股权，许多跨国公司为了尽早进入这些市场，会放弃其独资或控股的组织结构，而采取弹性的经营方式与当地企业进行合资。

跨国公司的进入模式选择体现了企业受到的综合因素的影响，其股权安排的决策受到了来自环境不确定性和自身资源条件的双重约束，股权安排的最终形成是跨国公司内部因素和外部因素均衡的结果。只有合适的进入模式才会保证跨国公司的控制能力和资源配置的有效性，这也是企业保护其关键资源和实现收益最大化的重要手段。

# 4.5 跨国公司进入中国市场模式独资化倾向的分析

## 4.5.1 外国直接投资进入中国市场模式的控股、独资化趋势

中国自从 1979 年向外国投资者开放以来，在利用 FDI 方面取得了巨大的成功。2004 年，FDI 的合同金额达到 1534.79 亿美元，比上年增长 33.37%；实际利用外资金额达到 606.3 亿美元，比上年增长 13.32%。与此同时，跨国公司进入中国市场的模式也发生了巨大的变化。1990 年以前，合资经营模式占直接投资的主导地位，进入 20 世纪 90 年代后，独资经营开始呈明显上升趋势，独资经营企业合同金额从 1988 年的不足 5 亿美元上升为 1992 年的 156.96 亿美元，在直接投资中所占的份额也从 9.1% 上升到 27%。从 1997 年开始，独资企业在项目总数上首先超过合资企业，1998、2000 年又分别在合同金额上和实际利用金额上超过合资企业。到 1999 年，独资企业合同金额所占比例首

次超过了直接投资总合同金额的50%，达到50.2%。独资企业实际利用外资额也在2001年超过了实际利用直接投资总额的一半以上。相反，合资企业合同利用金额占总额比例在1993年以前大体保持在50%以上，但是在逐年下降，到1998年，其份额开始列于独资企业之后，位居第二，下降趋势已经日趋明显。在实际利用外国直接投资金额方面，合资金额在2000年实际利用额为145.88亿美元，而独资企业利用金额则在2000年达到了192.64亿美元，首次超过了合资企业利用金额。2002年独资企业实际利用外资额占实际外国直接投资额的60.15%，而合资企业的比例则下降到了28.42%，到2004年底，独资企业实际利用外资比例已经上升到了66.34%，而合资企业比例进一步下降到了27.03%（见图4.1）。

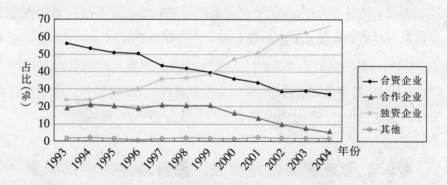

**图4.1　中国实际利用外国直接投资趋势**

资料来源：根据《中国统计年鉴》、《中国对外经济贸易年鉴》数据计算得出。

　　在合资企业进入模式中，外商也越来越倾向选择多数股权。据王洛林、江小涓等人的调查，世界500强在重庆的26家投资企业中，外方注册资本占53.1%，中方注册资本占46.9%。从总体上看外方占有控制地位。500强在天津投资企业共有120个，其中，外商独资企业48个，占40%；外方控股的合资企业有51个，占42.5%；双方股权相等的12个，占10%；中方控股的合资企业9个，占7.5%；外商独资和外方控股企业合计占82.5%，外方有控制力的企业比例较大。500强在深圳的合资企业中，大多数已经是外方控股企业。500 强在吉林投资的 13 家企业中，外方控股的有 6 家，中方控股的有 4 家，双方股权相等的有 3 家。①

根据李维安、吴先明等人的调查，截至 2000 年，天津经济技术开发区外商投资企业达 2721 家，独资企业 1531 家，占外商投资企业总数的 56%，合资企业 1123 家，占 41.3%，外方投资额占合资企业投资总额的 65.8%，外国母公司在总体上处于控股地位。在天津注册的 165 家日本投资企业中，除 3 家企业股份比例不明外，日方持股比例低于 50% 的企业为 19 家，对等股权的只有 18 家，日方控股企业 57 家，独资 68 家，日方独资与控股企业共计 125 家，占在津日资企业的绝对多数。②

根据毛蕴诗等人于 2003 年底对全国外资制造业企业的问卷调查结果显示，在所调查的 425 家外资企业中，独资企业占 54.4%，合资企业占 39.3%，其他企业占 6.4%，其中合资企业中外方持多数股权的占 55.37%，持对等股权的占 16.38%，少数股权的占 28.25%。说明在合资模式的选择中，外资也倾向于以控股方式投资经营。③

## 4.5.2　形成跨国公司控股、独资倾向的内部因素

从前面分析的结论得出，跨国公司进入中国独资化、控股化倾向主要取决于以下内部因素：跨国公司优势的专用性资产、跨国公司在中国的知识经验积累、跨国公司的战略等因素。

（1）跨国公司自身拥有资本实力对股权安排的影响。从早期进入中国的跨国公司情况看，主要是以来自东南亚等国家和港澳台地区的企

---

① 王洛林、江小涓等：《大型跨国公司投资对中国产业结构、技术进步和经济国际化的影响》，载《中国工业经济》2000 年第 4 期。
② 转引自吴先明著：《跨国公司治理》，商务印书馆 2005 年版，第 220 页。
③ 转引自毛蕴诗著：《跨国公司在华投资策略》，中国财政经济出版社 2005 年版，第 64 页。

业为主。所投资的产业多是风险较小、投资回报期较短的制造业、房地产业和餐饮服务业。从企业规模来看，大多规模较小。据李维安（2003）等人统计，1979～1991 年外商直接投资项目，按实际利用外资口径计算，平均为 64 万美元。此外，从其资源密集度看，劳动密集型占主体。即使到 1995 年年底，在外商在华投资的制造业企业中，有一半以上是劳动力密集型，而资本与技术密集型企业分别仅占 22.73% 和 26.85%。① 从这一阶段的跨国公司自身特点来看，由于自身条件和资源的限制，它们则倾向于与中国企业合资，以达到降低风险、资源互补的效果。

自 20 世纪 90 年代中期以后，进入中国市场的跨国公司从规模上开始增大，来自美国和欧盟国家的投资呈快速上升的趋势，1992 年来自美国的直接投资是 5.1 亿美元，占当年全部实际使用外资金额的 4.64%；1999 年则上升为 42.1 亿美元和 10.46%。1992 年，欧盟国家在华实际投资所占全部外国直接投资的比例为 2.21%，到了 1999 年，则上升为 11.11%。来自港澳台地区的直接投资在 1992 年比重曾经达到 79.5%，1999 年这一指标就下降到了 47.8%。② 一般来讲，来自欧美的跨国公司与较早时期以地缘优势进入中国市场的港澳台企业的实力有所不同，欧美企业以开拓和占领中国市场为主要目标，其经营相对集中于高资本优势、高技术含量、高附加值的范围，同时，其规模和实力都较大，通常具有国际生产经验和国际市场营销网络，追求全球战略目标和公司整体利益的最大化，因此，它们通常选择控制程度高的独资企业进入方式。此外，杨忠（2001）通过对江苏省 232 家外资企业的调查也表明，合资企业投资规模越大，跨国公司控股合资企业的比例越高，越是规模大的投资项目，它对跨国公司战略利益的安全和最大化就越重要，

① 参见李维安、李宝权：《跨国公司在华独资倾向成因分析：基于股权结构战略的视角》，载《管理世界》2003 年第 1 期。

② 参见邱立成，于李娜：《跨国公司进入中国市场模式及影响因素分析》，载《南开经济研究》2003 年第 4 期。

因而跨国公司就越是追求独资和控股。①

（2）跨国公司专业化的专用性资产对于股权选择的影响。跨国公司为了在国际竞争中保持并提高自己的地位，通常十分注意对专业化的专用性资产（如专利、技术、经营管理经验、品牌、商誉等）的保护，以保持其在东道国的竞争优势，实施独资、控股战略可以实现关键资源在企业内部的转移，同时可以最大限度地防止核心技术等优势资源的扩散。具体体现在以下两个方面：

① 具有优势技术的跨国公司选择进入模式时股权控制倾向加强。张诚、吕世生（2003）曾对天津52家大型外资企业（投资额在5000万美元以上）的核心技术来源进行了问卷调查，结果显示，独资和控股企业的核心技术主要来自母公司的转移，而非控股企业的核心技术则主要来源于合作开发和引进。② 江小涓（2002）等对于技术密集行业的调查也表明，在中高技术密集度的行业中，跨国公司倾向于控股或独资形式。在制药行业中，全国医药行业最大的15家外商投资企业，被外商控股51%以上的有7家，对等持股50%的有5家，其中西安杨森外方控股52%，天津中美史克外方控股55%。在洗涤用品业的15家合资企业中，有13家外方控股，只有2家中方控股，在电梯制造业的5家外资企业，均为外商控股。即使在汽车制造业中由于国家的产业控制政策，不允许外资高比例持股，但在轿车制造业10大合资企业中，还是有1家控股，4家对等持股。③ 以上结果表明，母公司拥有优势技术的跨国公司比较偏向于独资和控股。

② 跨国公司倾向在华设立众多控股或独资研发中心。研发活动是企业确立独有的竞争优势的主要途径之一，为保护技术秘密和知识产权，保持总部对于研发机构的有效控制，外资在华设立的研发机构多为

---

① 参见杨忠：《跨国公司控制合资企业的股权控制方式研究》，载《南京大学学报》（社科版）2001年第5期。

② 张诚、吕世生：《跨国公司在华技术策略及其影响》，载《国际经济合作》2003年第9期。

③ 江小涓著：《中国的外资经济——对经济增长、结构升级和竞争力的贡献》，中国人民大学出版社2002年版。

独资或控股。主要集中在信息通讯、生物制药、精细化工、运输设备制造等技术优势行业。不少跨国公司，包括微软、摩托罗拉、IBM、朗讯、杜邦、宝洁、通用电气、通用汽车、大众汽车、英特尔、西门子等相继在华投资设立了独资的研发中心。薛澜等（2002）对 2001 年跨国公司设立的 32 家研发机构的调查结果显示，跨国公司独资设立的有 25 家，合资的有 7 家，设有研发中心的外资子公司独资的倾向十分明显。[①] 江小涓（2002）对 38 个在华设立研发中心的跨国公司子公司所作的调研表明，外方控股的企业占全部样本的 52.6%；其次是外商独资企业，占 23.7%；再次是中方控股的企业，占 13.2%；最后是双方对等股权企业，占 10.5%。[②] 张向阳等通过对于跨国公司股权选择行为的分析，也得出结论认为，独资研发机构的增多进一步印证了拥有技术优势的跨国公司偏向于高度控制进入方式。[③]

（3）跨国公司的东道国知识经验对于股权选择的影响。缺乏对东道国环境的了解和经营经验是影响跨国公司进入中国市场模式选择的重要因素，缺乏当地知识与经验会增加跨国经营的交易成本，使跨国投资的不确定性与风险加大，结果使外国投资者或者趋向选择资源投入少，风险低的进入方式，如非股权进入方式与合资企业等。在跨国公司熟悉东道国的制度规则、价值观、法律以及市场需求之后，随着经验的增多，跨国公司会减少对东道国公司所拥有的当地知识的依赖，从而提高跨国公司的股权控制倾向，在对于东道国的再投资过程中，倾向于控股或独资的新建投资形式。如西门子、松下、三洋、丰田、日立等大型跨国公司多是在 20 世纪 80 年代中国改革开放初期进入中国，开始以设立代表处或办事处方式学习在华经营经验，在 80 年代后期或 90 年代先后设立合资企业，在进入 90 年代中后期时，他们在华的再投资企业就以

---

① 薛澜、陈群红、王书贵：《全球化战略下跨国公司在华研发投资布局——基于跨国公司在华独立研发机构行业分布差异的实证分析》，载《管理世界》2002 年第 3 期。

② 参见江小涓著：《中国外资经济——对经济增长、结构升级和竞争力的贡献》，中国人民大学出版社 2002 年版。

③ 张向阳、丁荣余、朱有为：《跨国公司进入中国股权选择行为演变的三层次分析》，载《江海学刊》2005 年第 1 期。

独资企业为主，原有的合资企业相继转化为控股或独资企业。

（4）跨国公司整体战略对于股权选择的影响。以东道国市场导向为主的跨国公司进入的主要目的是扩展或保持在中国的市场份额，最终目的是把中国市场纳入其全球生产经营体系。在开始阶段，由于中国政府政策的限制，以及中国市场知识经验的约束，为了便于进入中国市场，它们一般选择生产技术条件较好、产品在国内市场占有率较高的中国企业进行合资；随着在东道国市场经验的不断积累以及中国政府对于外资限制政策的放松，中国市场较高的发展速度和潜力意味着较长远的利益，跨国公司有动力为了长期市场势力而选择较高资源投入水平的独资、控股的股权安排。

## 4.5.3 形成跨国公司控股、独资倾向的外部因素

### 4.5.3.1 中国政治、经济环境对于跨国公司股权选择的影响

十一届三中全会以后，我国政府确定了对外开放的政策，并通过立法和采取一系列措施来确保对外开放政策的贯彻实施。1979 年 7 月，公布了《中华人民共和国中外合资企业法》，明确规定，经我国政府批准，允许外国公司、企业、其他经济组织和个人，按照平等互利的原则，可以在我国境内，同我国的公司、企业或其他经济组织共同举办合资经营企业。与此同时，采取了多种多样的政策形式招商引资，引进外国资金和技术。1979 年 7 月，国家决定在深圳、珠海、汕头和厦门设立四个经济特区，实行特殊政策和灵活措施，鼓励外商来华投资，来料加工、来样加工、来件装配、补偿贸易的"三来一补"形式与合作经营、合资企业、外商独资经营等多种利用外资的形式不断发展。1986年，国务院颁布了《国务院关于鼓励外商投资的规定》，一系列的扩大开放和利用外资的新举措使我国的投资环境得到了进一步的改善，对外商投资的吸引力有所增强。

为确保引进外资，国家制定了诸多优惠政策，例如对外商作为投资的进口设备减免关税、对三资企业所得税实行减免优惠，提供人员和技术支持等。同时，为防止外资对国内企业构成冲击、保持对外资的控制，国家又颁布一系列限制独资企业、坚持中方在合资企业里的控股地位、规定外资企业产品应达到较高的出口比例等法律、法规。这些政策措施首先吸引了大批从事加工贸易的劳动密集型的资本，迅速扩大了国内的就业和国民收入，改善了国家的国际收支状况。为了引进先进技术，1992 年中国政府正式提出了"以市场换技术"的战略，为此修改了《合资企业法》，允许外方控股并出任董事长。国家还承诺大幅度降低关税和加强知识产权保护。为了规范政府管理行为、改善投资环境，从 1997 年 1 月 1 日起，对外资企业实行联合年检制度，改变了以前多头检查、多头收费的做法。

中国市场的巨大吸引力和市场准入条件的放宽，激发了外商投资中国的热潮，1992 ~ 1997 年期间，中国实际利用外资的金额增长了 3 倍多。1997 年 9 月，党的十五大提出努力提高对外开放水平的指导方针，指出要积极合理有效的利用外资，有步骤地推进服务业的对外开放，依法保护外商投资企业的权益，实行国民待遇，加强引导和监督。1999年，《外商投资商业企业试点办法》的颁布，标志着我国流通领域开始对外开放，1999 年，中国人民银行批准 19 家外资银行进入上海浦东，6 家外资银行进入深圳，这标志着我国金融业也进入到对外开放的行列。2000 年 10 月 31 日《中华人民共和国外资企业法》和《中外合作企业经营法》的实施，一方面放宽了外资企业的设立条件，另一方面，也从立法上维护了外资企业在中国的合法权益。稳定了外资进入中国市场经营的信心。在入世前后，我国还颁布了一批与世界惯例接轨的法规和条例，以适应依法管理的需要。

在开放之初，由于市场化程度低，企业运作赖以存在的各种要素均与国际惯例有较大差距，早期进入中国的外资企业在政府关系、政策法律、销售渠道及人才等方面对中国市场均存在着很大的不适应性，对于中国市场投资的前景及整体风险把握不定，因此跨国公司会实行小规模的试探性投资战略，而选择合资形式的进入，则可以在这些方面获得较好的解决方案，通过合资，不仅能利用中方的投资，避免外商单方面所需的大额资金，还可以发挥中国企业熟悉当地法规、办事方式、文化及人际关系的优势，弥补跨国公司在这方面的不足。随着我国政治局势的持续稳定、宏观经济的健康发展和市场经济改革的纵深推进，尤其是加入 WTO 后为外资企业提供的更好的发展空间，国内的投资环境与国际日益接轨，加之合资中的外方对国内情况越来越熟悉，已能够很好地解决政策法律、政府关系、销售渠道等问题，因此，对于拥有所有权优势的跨国公司来说，独资经营成为进入中国市场的主要选择。

## 4.5.3.2 中国政府政策法规的影响

（1）税收政策的影响。在改革开放初期，遵循国际惯例，在改革国内税制的同时，国家先后制定了一批新的涉外税收法规，1980 年 9 月 10 日，第五届全国人民代表大会第三次会议审议通过并颁布的《中华人民共和国合资经营企业所得税法》和《中华人民共和国个人所得税法》。1981 年 12 月 13 日，五届人大第四次会议通过并颁布的《中华人民共和国外国企业所得税法》。同时经国务院批准由财政部先后分别颁布了三部税法的实施细则及一系列的免税优惠规定。依照两个涉外企业所得税法的规定，合资企业适用 30% 的比例税率，另征地方所得税 3%，合计负担率为 33%。合作企业与外商独资企业适用五级超额累进税率，最低一级为 20%，最高一级为 40%，另征地方所得税 10%，合计税收最高负担率大约为 50%。这样的税负水平与合资企业相比差别较大。按照两个涉外企业所得税法的规定，对于合资企业，不分生产性企业和非生产性企业，也不分是否国家需要鼓励投资的行业和项目，凡是经营期在十年以上的，都给予两年免税、三年减半征税的优惠待遇；而合作企业和独资企业仅限于从事农业、林业、牧业等利润率低的行业，给予一年免税、两年减半征税的优惠。这既不利于推行国家的产业政策，也对不同形式的外商投资存在税收歧视的问题。这样一来，实际上在开放初期，在税收政策上给予合资企业了一定的支持，在 20 世纪

90 年代以前，对于合资企业的发展有一定的促进作用，但同时也对于
独资企业与合作企业的设立给予了一定的抑制。

为了消除外商投资企业所得税法的上述缺陷，国家将原来的几部税
法合并起来，制定了统一的《中华人民共和国外国企业所得税法》。于
1991 年 4 月 9 日第七届全国人民代表大会第四次会议通过。按照新税法
的规定，中外合资企业、合作企业、外商独资企业及外国企业一律以
30% 的比例税率计税，另征收 3% 的地方所得税，合计税率为 33%，并
统一税收优惠待遇，即新税法对外商投资的减免税优惠统一限定于生产
企业，对于从事旅游、商业、服务性业务的企业没有给予定期的减免税
优惠；对合作企业和独资企业的税收优惠扩大到从事生产性项目的企
业，并延长了减免税的期限。合资、合作与独资企业的税负统一使原先
独资与合资企业的税收优惠差异得到了弥补，从客观上消除了对于独资
企业的政策负面影响。

（2）产业政策的影响。从 20 世纪 80 年代初以来，中国吸引外资产
业政策经历了鼓励合资—限制独资—允许独资的过程。在改革开放初
期，我国出于保护民族企业以及国家经济安全的考虑，一方面严格限制
外商进入的领域；另一方面严格限制外资企业股权比例。一般要求外商
的股权比例不得高于 50%，即外商一般不允许控股。只有少数产业和
行业才允许外商控股。对外商独资经营更是严格限制。

20 世纪 90 年代后，随着我国改革开放的进一步深入，为了进一步
吸引外国直接投资，也为了调控外商投资方向，使外商投资方向与中国
国民经济和社会发展规划相适应，1995 年 6 月，国家制定并颁布了
《指导外商投资方向暂行规定》和《外商投资产业指导目录》，以法规
形式将吸收外商投资的产业政策公布于众，提高了政策的透明度。这个
规定和目录将产业项目分为鼓励、允许、限制和禁止四大类。《外商投
资产业指导目录》规定了限制类的中外合资经营项目，必须约定企业经
营期限，列明了不允许外商独资经营以及应当由国有资产占控股地位或
者主导地位的外商投资项目。

1997 年 12 月，国家计委、国家经贸委、对外贸易经济合作部对

《外商投资产业指导目录》进行了修订。修订后的《外商投资产业指导目录》扩大了国家鼓励外商投资的范围，突出了产业重点，更加适应产业结构调整的要求和有利于引进先进技术的原则，同时充分体现了鼓励外商向中西部地区投资的政策。修订后的《外商投资产业指导目录》鼓励外商举办出口型企业，将产品100%外销的允许类项目列入鼓励类目录。《目录》鼓励外商投资的项目主要包括：农业新技术、农业综合开发和能源、交通、重要原材料工业项目；高新技术项目；出口创汇项目；综合利用资源和再生资源、防治环境污染的项目；能够发挥中西部地区优势的项目等。积极引导外资投向传统产业和老工业基地的技术改造，继续发展符合产业政策的劳动密集型项目。但是在商业、对外贸易、金融、保险、运输、邮电国际货运代理、法律服务、旅游、广告、医药、医疗卫生、会计、资产评估、教育、租赁等领域对于外资还有一定限制条件，其中就包括对于外资股权比例的限制，如不能独资和控股等。

2001年年底，中国正式加入WTO，中国政府对于独资企业、外商控股比例限制进一步弱化，外商独资企业和控股企业获得了更大的发展空间。2002年2月，国务院颁布了新修订的《指导外商投资方向规定》，同年3月，经国务院批准，国家计委、经贸委、外经贸部联合颁布了新的《外商投资产业指导目录》。其明显加大了对外商投资的开放程度：一是鼓励类由186条增加到262条，限制类由112条减少到75条；开放新投资领域，将原禁止外商投资的电信和燃气、热力、供排水等城市管网首次列为对外开放领域；进一步开放银行、保险、商业、外贸、旅游、电信、运输、会计、审计、法律等服务贸易领域；鼓励外商投资西部地区，放宽外商投资西部地区的股权比例和行业限制；发挥市场竞争机制作用，将一般工业产品划入允许类，通过竞争促进产业、产品结构升级。在这次《目录》中再一次放宽外商投资的股权比例限制，但是，还有一部分行业限制外资股权比例，但根据入世要求列出了部分行业对外开放的时间、股比限制。

2004年4月16日，商务部颁布了《外商投资商业领域管理办法》，进一步降低了外资进入商业领域的门槛，使我国商业从利用外资工作从试点转为正常开放，明确了外国投资者在符合《管理办法》的情况下，可以设立外资企业从事商业流通领域的经营活动；取消了企业注册资本和投资者规模等限制性要求，简化了对于外资商业企业的审批程序。《管理办法》取消了外国投资者对商业企业的持股比例、包括一般零售批发的不能超过 49% 的限制和小型零售商业企业的不能超过 65% 的限制，规定除少数按照加入世界贸易组织时承诺的特种商品的经营仍然需要按照时间表的安排取消持股比例限制外，允许外国投资者（包括个人在内）从 2004 年 12 月 11 日起成立外商独资商业企业。可以预料，由于政策限制的放宽，外资商业独资企业数量将会有很大程度的增长。

2004 年 11 月，国家发展和改革委员会和商务部又对《外商投资产业指导目录》进行了修订，将已对世贸组织履行的条款删除，对于 2002 年的《外商投资产业指导目录》进行了微调，将原目录中鼓励类 13 项 262 条修订为 13 项 257 条；限制类 13 项 75 条修订为 77 条；禁止类由 10 项 34 条修订为 10 项 35 条。细化了条例内容，进一步放宽了外资准入限制，使产业分类进一步合理。

从中国对外国直接投资的政策变化来看，中国政府的产业限制政策正在逐步放松，其对于股权比例的限制也正在减少。外商在股权限制放松的条件下，初次进入以高股权比例新建，以及已进入后再次增加股权在事实上得到了强化，促使外资的投资规模、技术转移水平和管理级别都在相应提高，这样就使本身存在独资倾向的跨国公司在中国的高控制权经营得到了发展的空间，促进了非限制领域的外资独资化趋势的发展和形成。

### 4.5.3.3 影响外资股权安排的其他外部因素

侵犯知识产权导致的市场不规范的因素。处于转型时期的中国市场存在着很多不规范的地方，尽管制定了很多的法律法规，依然存在无法可依和有法不依的情形。同时还存在着法规不够具体、可操作性不强，或者得不到公正而有效的实施等问题。中国对于知识产权的保护程度一直为发达国家所批评，对于技术侵权、产品仿冒及盗版行为的打击力度也不尽如人意，因此，持有高技术产品进入的跨国公司通常为了尽可能保护其专有技术和差异性产品，会采取高控制力度的独资或控股企业形式。

合资企业矛盾的示范效应。在已有的中外合资企业里，来自合资双方在企业文化、管理方面存在分歧。外方注重的是如何达到其全球战略目标，把合资企业纳入其战略系统，当合资企业的利益与其全球化战略利益冲突时，宁可牺牲合资企业的利益，也要服从其全球化战略利益的需要。而中方投资者由于受到环境的制约，往往目标取向的是赢利、就业等，希望通过合资引进先进的技术和管理，实现赢利、保持就业。目标的不同造成合资双方的矛盾和冲突，使企业面临效率的损失，自20世纪90年代以来，中国合资企业的经营绩效普遍低下，并且，这不是中国独有的问题，据 Geringer 和 Herbert 在 1991 年所作的研究，全世界范围内大约有 37% 到 70% 的合资企业经营绩效不令人满意。[1] 合资契约双方的不协调，使跨国公司在新建企业时，倾向于符合自身整体战略、受到母公司完全控制调动的独资公司形式，以避免采用合资形式带来的冲突和麻烦。

---

① 转引自邱立成、于李娜：《跨国公司进入中国市场模式及影响因素分析》，载《南开经济研究》2003 年第 4 期。

# 5 外商投资企业的所有权与控制权

    企业的本质是组织租金的创造和分配，作为追求自身收益最大化的企业参与者，其目标又可以具体分为两个部分：第一是追求企业组织租金最大化；第二追求自身在组织租金分配中份额最大化。显然，对于企业的各个参与者而言，对于第一个目标是相互一致的，正是这种一致性使得企业能够产生，而第二个目标是相互对立的，也正是由于企业合作者目标的对立性，才使企业的所有权与控制权的配置显得尤为重要。

## 5.1 企业所有权与控制权的关系

    从政治经济学角度看，所有权就是所有者的权利，即所有者凭借其对资源的占有、支配和使用而获得收益的权利。对"权"的界定和保护源于对"利"的索取。收益权是所有权的核心和实质。所有权在经济上得不到实现，或者说没有收益的所有权不具有经济学研究的意义。由于利益关系决定所有权的经济意义，因而所有权的权能结构的形成及其分解只能以能否实现收益或实现收益多少为转移。

    自从阿尔钦和德姆塞茨（Alchian & Demsetz, 1972）指出企业的本质特征在于企业生产的团队性质和拥有剩余索取权的中心签约人的存在，传统的企业理论就把企业所有权解释为剩余索取权，即对企业收入在扣除所有固定的契约支付的余额的要求权。格罗斯曼和哈特在其控制权理论中将所有权定义为对于资产的剩余控制权和由于资产产生的收益的剩余索取权时，认为一旦资产的所有者拥有对该资产的剩余控制权，就可以按任何不与先前契约、管理或法律相违背的方式决定资产所有权

（哈特，1995），事实上，哈特也承认，在哈特和格罗斯曼的模型中，企业的剩余控制权已经被作为所有权的定义。这与传统的企业理论对于所有权的定义是不一致的，传统理论认为所有者拥有资产的剩余收入而不是资产的剩余控制权。哈特还从产权的角度出发，认为在契约不完全的情况下，非人力资本所有权是企业内权力的来源（哈特，1998）。他认为从实质上讲，所有权与合法实际控制和使用财产的权利是相通的，在规定的范围内，所有者可以不受干扰地对标的物实施他的自然权力，并在一定程度上受到免除别人干扰的保护。由此可见，在不完全契约理论中的所有权就等同于剩余控制权，因此，哈特等人的不完全契约理论也被称为"新产权理论"或"控制权理论"。

为什么在不确定的市场中人们会将交易从市场转移到企业内部（一体化）？为什么人们会在企业中进行专用性的投资？交易成本理论的解释是因为存在资产专用性问题，该理论说明企业组织的目的和功能在于保护"专用性"的投资免受"敲竹杠"的机会主义行为的侵害。但是，交易成本理论的不足之处在于，在对交易各方的契约分析中，"专用性"不但不能成为契约方获得组织租金的谈判能力的基础，反而削弱了这一基础。不完全契约理论的方法是强调所有权的配置机制或剩余控制权的事前配置是至关重要的。但是，在笔者看来，企业内部权力的界定不是一次完成的，控制权的关键并不仅仅在于初始所有权的配置，而同时也存在于契约方讨价还价的能力，在这里，我们对于控制权的分析是动态的。

所有权的概念仍然是经济学中一个没有解决的问题，主要是因为这个概念在不同的环境中的诠释是不一样的。不完全契约理论是研究所有权和经济组织最为常用的方法之一，并在新产权观点的基础上形成了经济学的组织分析框架。在不完全契约理论中，所有权的重要性主要在于所有者能否有能力对其财产行使剩余控制权，在这里，所有权的含义实际来自于它的法律含义，在这一点上，不完全契约理论对于现实具有较强的解释力，但是，我们认为，不完全契约理论对于控制权等同于所有权概念的外延过于狭窄，它忽视了所有权结构的法律意义与实际含义的差别。事实上，它的解释是建立在所有权能够被无成本的执行的假设基础上，而新产权方法对于剩余控制权的定义也并不是很明确。在本书的分析框架中，控制权并不是完全等于所有权，控制权不仅仅来源于所有权，还取决于契约双方在双边垄断的环境中讨价还价的能力，因而是状态依存的。我们认为哈特等人的剩余控制权理论的不足之处还在于他们认定企业控制权来源于非人力资产所有权，而随着科学技术的发展，企业剩余不仅仅来源于物质资本，很大一部分还来自于知识和技术等人力资本的创造，这些资源既可以是可以转让的物质资产和商标、技术专利等无形资产，也可以是战略、市场、创意、企业文化、管理技术等不可转让的无形的智力资产，它们都是创造企业价值的关键性资源。这些资源是企业经营生产过程中非常重要的且供给短缺的资源。对于这些资源的掌握，就在企业内部契约关系中获得了讨价还价的能力，就会拥有对企业的实际控制权。

从对于关键性资源的控制能力角度来解释控制权的来源，如果关键性资源是资本，那么控制能力就是运用资金进行生产的能力；如果关键资源是技术，那么控制能力就是运用技术提高生产率的能力；如果关键资源是市场资源，控制能力就是对于企业销售的掌控。企业的所有权仅仅意味着可以定价的关键性资源（在很大程度上是物质资本），而超出所有权范围的那部分不可定价的资源，也应该是企业控制权的来源。因此，企业的控制权在不同所有者之间的分配，取决于为企业提供不同资产的控制者和所有者对企业这个经济组织的组织租金创造的影响程度或者贡献大小。如果一种资产对组织租金创造的影响力越大，其资产所有者所获得的组织控制权也将越大，在参与组织租金分配时所要求获得的组织租金也就越多。从本书的理论分析角度，企业的控制权与所有权不是相互对称的，企业所有权的拥有者如果丧失了对于企业经营发展重要的关键资源的控制能力，也就会失去对于企业的很大一部分控制权，而如果掌握了企业的关键资源，他对企业的控制力则会大于其所拥有的所有权的控制力。

## 5.2 董事会与控制权

董事会制度是在现代公司制度的基础上建立并发展起来的，董事会在企业组织架构中位于科层制的最顶端，作为一个组织机构，它是公司治理结构中最核心的部分，而为什么会在公司治理结构中出现这一制度安排，企业理论的不同流派也从不同的角度，或多或少的对此有所阐述。

从企业生产性的角度来看，企业的显著特征是其特有的团队生产方式，团队生产具有协同效应。团队生产增加的产出是协作的结果，但同时也不可避免的带来了团队成员搭便车行为，在团队生产条件下，人们只能观察到总产出，而很难确定每个成员对总产出所作的贡献，这样就会诱使团队成员有了偷懒的激励，因此团队生产一方面具有增加产出的优势，另一方面也产生了监督成员努力工作的成本。对于如何解决团队生产中的偷懒和搭便车行为，阿尔钦和德姆塞茨（Alchian & Demsetz, 1972）通过对古典企业的分析，认为减少投机行为的一个办法就是在团队中指定一些监督者，负责测量团队成员的投入行为和产出行为并分配报酬。他们进一步分析了现代公司制度，认为在股权分散条件下，如果公司每一项决策都要所有股东共同制定，会导致高昂的官僚主义成本，在多数情况下，更有效控制公司行为的方法，就是把公司的决策权交由一个由监督者组成的小集体来行使，其主要职能是与该团队其他资源投入者进行协商并实施管理。这个阿尔钦和德姆塞茨所指的小集体，就是董事会领导下的科层管理组织，作为一个组织在企业中的作用，董事会是在股权分散条件下企业协作生产过程中防治机会主义和保证产出的保障制度。

法玛（Fama, 1980）从企业内部控制的角度分析董事会存在的原因，他认为，在企业内部科层制中，监督是提高企业内部产出的一项重要机制，而且监督是双向的。在一个管理者的才能中，有一部分是他诱生和测度下级劳动生产率的能力，因此企业的生产存在着一个高层经理监督低层经理的自然过程，而不被人们了解的是从下向上发生的监督，在企业的团队理论和契约关系理论中，每个经理都会关心上下级经理的业绩，因为其产出的边际产品可能是其他经理的边际产品的一个增函数，由于经理人市场判断管理者外部机会工资的标准是其所在企业的业绩，每个管理者的利益都会受到来自他上面和下面的经理业绩的影响，因此在这两个方向上，他都会投入一定数量的监督。虽然企业内部人员之间以及上下级之间存在着相互监督的动机，但是底层的经理人员没有制约和撤换最高管理层的权力，因而实际的监督作用是很微弱的，那么通过什么样的机制来约束最高管理层，这就需要建立一个机构，测度整个的企业业绩，监督最高管理者的边际产出，这就是董事会的作用所在，其他高级经理监督最高管理者的动机可以通过进入董事会担任内部董事来实现。在另一方面，除非经理劳动力市场是充分竞争的，否则管理层（以执行董事的身份）一旦取得董事会的控制权，就会为他们牟取私利打开了方便之门，而解决这个问题的办法就是在董事会中引入外部董事，以降低经理之间合谋的可能性。法玛进一步解释了董事会制度能够延续的原因：董事会被看做是一个市场诱生的机制，是被称为企业的契约集的终极内部监督者，相对于其他监督机制的低成本性和易操作性，使其得以发展起来。

威廉姆森（Williamson，1985，1996）从不完全契约和资产专用性的角度阐述了董事会制度存在的必要性，他以交易为分析单位，把每次交易都看成一种契约的缔结，由于人的有限理性和未来的不确定性，双方无法签订完全性的合同，又由于具有交易专用性的各种资产投资很难从交易的锁定效应中解脱出来，事后的机会主义会损害签约方的专用性投资，因此必须引进治理结构来解决矛盾冲突，避免事后机会主义给交易双方带来可能的损害，治理结构就是能够最大程度节约交易费用的制度。他认为，如果将企业看做一系列契约的组合，则非股东团体，如债权人、经理、雇员、供应商等其他利益相关者通过缔结的明示契约可以更好地保护他们的投资，他们的收益是固定的，例如固定的利息、工资及货款，由契约和法律提供保障，而出资者对于企业来说具有单一的关系，一旦他们与企业签约，他们的投资就会被沉淀和专用化，在企业中他们的投资就会被全部置于潜在的险境之中，容易受到机会主义的侵害。这样一来，投资者就会避免这类风险的产生而不愿投资于企业，这时只有两种办法解决这个问题，一种是企业家显示自己的才能和信誉，邀请自己的朋友和家人入资，包括投入自己的积蓄，这是古典企业的典型融资方式，但这种做法所能筹集的资金极其有限，这也是古典式企业无法壮大的主要原因。还有一种办法，就是发明出一种治理结构，使股权投资者能把它看做抵制侵蚀、防止低下的经营管理的一种手段，保护出资人的利益。这种制度结构应该具有以下功能和条件：①由股东按股权比例投票选举产生；②有权更换经营者；③能定期使用内部标准来考核经营业绩；④可授权审计人员针对具体问题进行调查；⑤决定企业的重要投资及经营方案，能获得企业相关信息；⑥监督企业经营者的其他决策。因此，董事会作为保护投资者专用性投资的一种制度手段，就这样应运而生了。根据威廉姆森的观点，董事会是约束在投资者和企业家之间所产生的准租金事后讨价还价的制度条件。

阿尔钦、德姆塞茨和法玛都是从企业的生产性角度来分析董事会，把董事会作为提高生产效率的制度加以引进，就组织结构效应方面来看，法玛更近了一步，他指出了科层制中权力作用的双向性并以此而产生的利益冲突导致了制度的起源。然而他们仅仅从企业的内部来考虑董事会的作用，并没有认识到董事会存在的外在性因素和董事会制度在交易过程中的动态作用。威廉姆森弥补了这一不足，他的分析不再局限于企业内部，而置于更加广阔的市场范围内，他用交易成本的工具使交易过程清晰化，利用契约的不完全性和交易的不确定性来说明董事会制度的起源，构造了公司治理理论目前较为全面的一个理论基础。但是，我们对于威廉姆森理论不能接受的一点是他的公司治理结构单向性观点，即董事会的本质就是保护股东的治理结构，而排除了治理结构对于其他利益相关者在企业中的利益保护以及忽视了其他参与者对于企业所具有的权力影响，因而在我们看来，他的理论分析与现实还有一定的差距，是不够完善的。

沿袭交易成本经济学不完全契约的观点，哈特和格罗斯曼（Hart，Grossman，1986，1995）认为在企业内部和市场中存在着关系专用性投资和契约不完全性引发的敲竹杠问题。由于现实世界的不确定性，交易双方不可能在事前缔结一个能够覆盖全部交易情况的完全合约，因此，在双方各自的关系专用性投资完成后，出现缔约时未预见的事件，需要签约双方重新谈判，就有可能在事后谈判中出现参与一方侵占另一方关系专用性投资制造的准租金的机会主义行为，从而造成专用性投资的激励不足，形成效率损失。为防止这类敲竹杠行为，哈特和格罗斯曼提出剩余控制权的理论，认为在不完全契约的世界里，在无法详细描述未来偶然状态的情况下，除了契约已规定的特定控制权外，剩余控制权的事前配置是必需的，他们发现，企业家（经营者）与投资者之间的关键问题并不在于信息不对称，因为即便当事人信息对称也无法签订一份完全的合同来避免再谈判和克服交易对方的机会主义行为，而能够有效解决该问题的方法就是事前的恰当的（剩余）控制权配置。控制权的事前安排决定着谈判地位，它影响事后契约准租金的分配，而控制权是通过财产的所有权实现配置的，最优的产权安排应该是那些具有重要专用性投资的人掌握企业的所有权或控制权，所以哈特等人的观点又被称为不完全契约的产权观点，但是哈特的新产权理论把控制权限定在来源于非人力资产所有权基础上，排除了除物质资产所有者之外的其他利益相关者对企业的影响，显得过于狭窄。我们可以清楚地看到，在当今知识密集型企业中，控制权并不仅仅来源于物质资本，相反，来自于人力资本的权力往往占有主导地位。

Rajan 和 Zingales（1998）（以下简称 RZ）指出权力可来自于任何关键性的资产（包括人力资源），而且通过分配这些关键性的资源的进入权可以达到更好的治理效果。RZ 把企业定义为专业化投资的联结，即被共同专业化的资产和人之间的联结，这些被共同专业化投资的所有部分（包括利益相关者的投资）都属于企业。根据 RZ 关于企业的这一定义，Zingales（1998）在不完全契约产权理论的基础上构造了一个公司治理结构的框架，我们根据他定义的企业性质和构造的权力分析框架，可以进一步认识董事会在企业权力架构中的地位和作用。

在完全契约的状态下，控制权的配置是无效率的，因为所有的准租金都是可以事前分配的，事后的讨价还价变得无意义，只有在事前缔结反映未来状态的契约是高成本或不可能的情况下，事后的公司治理才有存在的必要，控制权的事前配置才会使事后的公司治理得以实施，准租金才能在事后被分割，专用性投资激励才能形成。在 Zingales 看来，控制权的配置是非常重要的，因为它影响企业剩余的分割。通过控制一个企业的决策，一方在没有其他方合作的情况下，可以保证越来越有价值的选择权。这保证了具有控制权的一方在这种关系中具有大量的剩余份额。

让我们假定企业只有一种专用性投资关系，关系的一方是人力资本的投入方，另一方是非人力资本投入方，如果把控制权赋予人力资本投资方，由于人力资本的不可测度，使人力资本专用投资契约化无法实施，给予其控制权也无法激励他增加对契约关系的专用性投资，相反，人力资本所有者会运用控制权增加自己的剩余租金份额，损害另一方的利益，从而减少资金提供者的专用性投资激励。但是，将控制权赋予物质资产提供者即股东又会怎样？由于资金的投入是可以测度的，资本的专用性投资是容易契约化的，只要投资者在事后能够得到足够的剩余，资金就会以最优的数量供应，将控制权分配给资本所有者会形成积极的激励效应。这也是新产权理论说明股东具有剩余控制权的理由，但是，在另一个方面，由股东直接控制企业则会对自己投入企业的资本进行专业化产生抵触，因为专业化减少了资本所有者的外部机会，投入的资金一旦被专业化，就会被锁定在企业关系内，脱离这一关系，其价值将大大减少，同时，股东在自我利益最大化的驱使下，也会掠夺人力资本投资者的利益，造成人力资本专用性投资激励的减少。控制权无论配置给人力资本或非人力资本哪一方，都会降低另一方的专用性投资激励，因此，在现代公司制企业中，企业的剩余控制权就应被分配给一个代理人集团，这一集团对于股东具有服从的责任，但又不仅仅代表股东，它被赋予根据企业利益行动的独立性，负责保护各方的专用性投资，激励人力资本专用性投资的边际性增长，具有企业的实际控制权，这个代理人团体就是董事会，如果把企业看成专业化投资成员组成的完整主体，当公司组建时，董事会就成为企业财产的实际所有者，与不同的参与者签约，公司的投资者都同意放弃对于投入企业的专用资产的控制权，他们将控制权让渡给了董事会。那么为什么投资者会同意放弃对所投资产的控制权呢？因为单独的资产是没有意义的，只有结合起来通过合作生产，才能获得更高的收益，任何对于各自所投入财产的干预，都会造成合作的失败，企业成员放弃了对专用性投资的控制，才能造就整个企业范围的合作以及其他成员的贡献。

从法律的角度来看，股东没有权力支配公司的财产，董事会享有完全的决策权威决定公司资产的使用，解决公司内部成员可能产生的纠纷，如同哈特解释契约不完全性的原因是作为第三方的法庭缺乏对企业内部相关自然状态证实的能力，对于契约的第三方不可证实性，董事会正是像一个内部法庭一样起作用。法律强制规定在一个公司制企业成立的同时，就必须建立董事会代表公司行使法人职责，这就是为了弥补企业内部契约的不完全，法律在法庭不愿也无法干预的企业内部设置了一个控制权的范围，将公司财产的使用权和企业租金的分配权全都交给了董事会。

董事会作为治理结构的枢纽，在企业这个权力集合中，也受到来自各方面所有者的影响和控制，由于董事会是由身为自然人的董事组成，在董事的自利性经济人行为前提下，经营管理层通过对于公司资源的控制扩张和自身人力资源的优势可以影响董事会的独立性，董事会有可能被经营层"俘获"而丧失其控制作用。另一方面，股东可以通过投票来决定董事人选的方式制约和影响董事会，如果股权集中于某些大股东，公司的股权结构就会导致治理结构趋向古典式企业，董事会就会沦为股东的附属品，丧失其独立性，当然，在这种情况下公司作为现代企业制度的种种优势也会随之消失。总之，作为一个组织，在企业内部，董事会的结构和效率本身存在着不足，但是董事会作为一项制度安排，是现代公司治理结构中最关键的部分。从不完全契约观点来看，作为法律和市场机制的补充，董事会制度是解决企业边界内部专用性投资各方签约问题的保障。

## 5.3 合资企业的所有权与控制权

从现实和法律的角度，国际合资企业的所有权是指合资各方在企业所拥有的股权，依据企业的法律范畴，拥有的股权是指其拥有的物质资本的所有权，是一种以资产的法定所有权为基础的权利，但也只是表明在合资契约签订时的控制权配置状态，在契约签订后，控制权有可能会根据对企业关键资源的不同控制能力发生变化，因而会与所有权不对称。

在我们看来，在跨国公司达成与东道国当地企业的合作关系后，便会面临契约事后合资伙伴可能的机会主义行为，敲竹杠和搭便车行为会造成这些跨国公司的专用性投资扩散和被侵占，跨国公司除了通常在合资企业中力求保持多数股权的治理结构，以保持对合资企业控制权外，还会利用对于这些自身专用性投资生成的关键性资源天然的"进入"优势，形成对于这些供应给合资企业的关键资源的强力控制。在拥有了对合资企业关键资源的控制权后，即使跨国公司在合资企业中拥有并不占多数的股权比例，跨国公司也会掌握合资企业的实际控制权，迫使东道国合资伙伴产生对跨国公司的资源依赖。Hamel（1991）在对于合资内部的竞争关系进行研究后得出结论，认为当一方控制了合资企业中一种不可替代的资源或投入品时，就会创造出一种被依赖的局面。尽管从开始选择合资形式时，这种依赖是一种自愿的行为，但是一旦合资企业运作起来，这种依赖性就会必然形成，在这种情况下，有权增加或撤出重要资源的一方，就可以把这种选择权作为与其合作伙伴权衡利益的砝码。①

---

① Hamel, G., "Competition for Competence and Inter‑partner Learning within International Strategic Alliances", *Strategic Management Journal*, 1991, Vol. 12, pp. 83 – 104.

尽管国际合资企业同其他企业一样，通常是靠多数所有权或多数投票权来对企业的活动进行有效的控制，但是往往由于东道国政府的限制政策，使跨国公司无法设立全资独资企业和控股合资企业，在这种形势下，跨国公司会加强对于合资企业关键资源的控制来弥补所有权的不足，而这方面的国际实证研究也表明，跨国公司对于合资企业的控制权并不是所有权直接和自发的结果，Behrman（1970）[1]，Friedman & Beguin（1971）[2] 的研究表明，跨国公司可以用来对国际合资企业进行有效控制的机制有许多种，包括投票权、管理层的席位以及有关技术或管理的特殊协议，跨国公司也可凭借技术优势或管理技巧来确保对合资企业日常经营管理的参与，来获取由于少数所有权所不能得到的对合资企业的控制权。

## 5.4 跨国公司对于合资企业的股权控制

企业的所有权（股权）具有两面性，其一是收益权，即剩余索取权，通过这种权利，股东可以从企业获得企业的剩余；其二是企业的控制权，企业股东可以通过股份比例参与投票和影响企业的决策，控制权的基本作用在于保证收益权的实现，在一般情况下，控制权决定于所有权，是所有权的实现形式，没有股权作为依托，控制权就无从谈起。

从法律范畴来讲，股权代表了股东拥有和控制企业的权利，拥有企业的股权是介入企业生产经营活动的法律基础。股东依据股权对于企业的控制权主要体现在以下几个方面：

（1）制定、修改企业章程，确定企业运作的基本规则。

（2）选举、更换董事，根据法律要求，企业董事由股东根据一股一票原则依据股权选举产生，股东亦有权更换董事。在通常情况下，股

---

[1]　Behrman, J., *National Interest and the Multinational Enterprise*, New York：Prentice Hall, 1970.

[2]　Friedman, W. G. & Beguin, J. P., *Joint International Business Ventures in Developing Countries*, New York：Columbia University Press, 1971.

东不是通过直接参与企业经营管理而行使控制权，而是通过支配和影响董事会实现对于企业的控制。

（3）根据股权通过投票决定影响企业结构、战略层面的重大事项。跨国公司对于合资企业的股权控制可以分为控股性控制、对等性控制和参股性控制三种，控股性控制是指跨国公司持有合资企业 51% ~ 99% 的股份，或者在多数股东中是大股东，从而拥有绝对或相对的控制权。对等性控制是指跨国公司与东道国企业各拥有企业各 50% 的股权，与东道国企业共同享有合资企业的控制权。参股性控制是指跨国公司拥有合资企业 50% 以下的股份，在企业股东中不是大股东，在股份比例上无法形成对于合资企业的绝对或相对控制权。从股权控制的角度来讲，各个投资主体在合资企业中的股权比例直接决定了投资者在合资企业中的投票权和表决权，跨国公司持有合资企业的股权比例越大，在合资企业重大决策中的投票权就越大，从而对于合资企业生产经营活动的控制力就越大。

股权控制的特点主要有：①合法性，股权控制是一种受到法律保护和确认的控制方式，合资企业的母公司可以通过拥有的股权依法对于企业重大事项进行干预并依法行使收益权。②固定性，股权比例是母公司参与企业经营决策的重要标志，也是企业控制权的法定标志，在企业经营期间，不经其他股东的同意以及东道国政府的核准，一般不会变动。③公开性，合资各方所持股权是透明和公开的，相对应的对于企业利润的收益权和对于企业经营的控制权也都得到公开的确认，母公司对于合资企业的控制权通过股权形式得以公开体现。④一致性和排他性，股权的界定代表着合资各方利益、权利和责任的区分，也代表了合资各方对于企业有形资本和无形资本投入的确认和定性。在正常情况下，不拥有合资企业的股权也不可能拥有企业的控制权。

杨忠（2001）对于西方跨国公司在上海、北京、广东和江苏的一些合资企业进行了问卷调查。共发放问卷 200 份，回收 120 份，其中有效问卷为 104 份，通过对于调查问卷的统计，以及对于股权控制与跨国公司对于合资企业的总控制力的回归分析得出结论，股权控制与总控制力之间的作用程度是显著的，说明股权控制是跨国公司控制合资企业的基础，股权为跨国公司获取对于合资公司的控制权提供了法律依据。为此，跨国公司会利用各种时机，甚至在合资企业成立之后进入运行阶段时，仍然不失时机地进行增资扩股，获得有利于自己的股权地位，以获取对于合资企业较强的控制力。[①]

## 5.5  跨国公司对于合资企业关键资源的控制

成立企业的真正意义在于能够产生组织租金，因此组织租金的分配体现了契约各方在企业中的地位。在不完全契约理论的框架中，组织租金应该是在对于企业进行了专用性投资的投资者之间分配。因此，企业成员对于企业租金分配的谈判能力是与其投入的专用性资产直接联系在一起的。但是，交易成本理论关于资产专用性的解释告诉我们，由于资产专用性对于双边契约的依赖性，实际上削弱了当事人的谈判能力，因而无法解释专用性投资是当事人分享组织租金的谈判能力基础，杨瑞龙、杨其静（2001）用"专有性"资产来解释这一现象，认为当事人分享组织租金的谈判能力基础在于它专有某种企业团队生产所不可或缺的资产，即具有"专有性"。根据威廉姆森对于资产专用性的定义，专用性程度越高的资产也往往具有较高程度的专有性和专业性。因此，在笔者看来，实际上专用性的资产往往也具有专有性的特征，两者在本书中的概念中是等同的。

在本书的分析框架中，专用性资产的投资是一个动态的过程，跨国公司在进行专用性投资的过程中，契约事前和事后的效应是十分关键的，在双边契约的事前，专用性投资是当事人谈判能力的基础，在事后，专用性投资就会成为其他成员机会主义行为损害的对象，但是，笔者认为，在事后的双边谈判中，如果契约方能够保持对于其专用性投资

---

① 参见杨忠:《跨国公司控制合资企业的股权控制方式研究》,载《南京大学学报》(社科版)2001 年第 5 期。

所生成的关键资源的控制力，其事前的优势地位也可以继续保持下去。关键资源是指企业团队生产过程中不可或缺的资源，保持对于这类资源的控制实际上就意味着其所有者不但被其他团队成员所依赖，而且还难以被替代。

跨国公司进行对外直接投资一个重要原因就是其拥有核心资源的优势，体现在资本优势、技术优势、规模优势、市场优势以及管理优势几个方面。在新兴市场的合资企业进行的专用性投资也是由这几个部分组成，在形成合资企业的关键资产的过程中，如果跨国公司放弃对于关键资源的控制就会使自己暴露在合资伙伴的机会主义行为威胁之下，而如果通过限制合作伙伴对于自身带来的关键资源的进入，而保持对这些资产（资源）的控制权，就会使跨国公司谈判能力由于合资企业对于这些资源的依赖性而得以提高，从而提高跨国公司对于合资企业的实际控制权。跨国公司如果利用自身资本优势在合资企业中保持多数股权的情况下，对于企业进行有效的控制是没有什么问题的，至少相对容易。但是，如果由于自身或外部因素而难以拥有多数股权，其对于企业关键资源的控制就显得尤为重要，主要体现在以下几个方面：

跨国公司对于合资企业的技术与专业知识控制。跨国公司向海外市场扩张时将企业拥有的专业知识优势（如先进的产品、市场营销和技术知识）转移到外国子公司以扭转在国外环境中运营所固有的劣势（Hymer，1976）。转移先进技术知识到国外也是企业利用其拥有的优势获取经济收益的一种有效方法（Kogut 和 Zander，1992）。① 企业专有的、无形的、不可交易和无法模仿的知识是企业维持竞争优势的唯一持久资源，因此，跨国公司在向合资企业转让技术时，尤其是向非控股合资企业转让技术时，往往将核心的、关键性的技术保留在母公司手中，使合资企业无法形成独立、完整的技术体系，许多关键性的原材料、零部件等必须依靠跨国公司母公司提供。跨国公司在很多情况下都表现出强烈

---

① Kogut，Bruce & Udo Zander，"Knowledge of the Firm，Combinative Capabilities，and the Replication of Technology"，*Organization Science*，1992，3：pp. 383 – 397.

的技术封锁和技术控制的倾向，这在很大程度上造成了合资企业对跨国公司的技术依赖。陈杰、乌妮娜（1999）对上海、南京、苏州等地著名跨国公司的实证分析表明，三地合资企业绝大部分（约占3/4）在引进技术的消化与吸收方面处于浅度国产化阶段，只能对部分零部件、中间产品实行国产替代，对外方母公司的核心制造技术和关键性中间投入品依赖性很强。[①] 朱华桂（2003）通过对苏、锡、常三个科技园区内跨国公司子公司的实证研究发现，跨国公司子公司所需要的主要技术、原材料、元器件主要来自于海外，导致这三个科技园区实际上成为跨国公司在华所设的大加工厂，其结果导致企业对跨国公司的技术依赖。[②]

　　跨国公司对于经营管理资源的控制。由于跨国公司一般拥有较强的经营管理经验，因此在与发展中国家合资经营企业的过程中，由于经营伙伴缺乏先进的经营管理经验和合格的管理人才，使跨国公司容易争取到企业的日常经营管理权。对于企业生产管理权、财务管理权、人事管理权、营销管理权和采购管理权的掌握，使跨国公司以隐蔽的方式得到了合资企业的实际控制权。根据吴先明等人的调查，在华外方母公司不仅重视在股权安排上对合资企业进行控制，而且重视通过对于合资企业的经营决策和日常运行的控制使合资企业依赖外方母公司，主要表现在外方母公司对于合资企业的人事和财务监控、企业总经理的任命权的掌握和对合资企业职能部门和部门经理的控制方面。[③]

　　跨国公司对于合资企业市场及营销资源的控制。由于跨国公司拥有丰富的国际市场资源和营销技能，因此从合资企业的成立初期，企业的市场和营销资源一般就会由跨国公司提供，进而使跨国公司能够掌握合资企业的市场和销售渠道。此外，跨国公司还可以利用自己在产品市场上已有的经营地位、声誉、市场网络对于合资企业的产品销售施加有效影响，在广告、销售方式、销售策略上使合资企业与跨国公司保持一

---

　　① 陈杰、乌妮娜：《跨国公司在华技术扩散的效应分析》，载《亚太经济》1999年第1期。

　　② 朱华桂：《跨国公司在华子公司技术溢出效应实证研究》，载《科研管理》2003年第3期。

　　③ 吴先明著：《跨国公司治理》，商务印书馆2005年版，第259～260页。

致。一方面，由于跨国公司的资源支持，能够使合资企业的产品以较低的费用和较短的时间实现销售，但从另一方面来看，也加深了企业对于跨国公司的依赖性，提高了跨国公司对于合资企业的控制能力。

跨国公司对于合资企业品牌等无形资产的控制。跨国公司利用其拥有著名品牌和商标的优势，实际上对合资企业的品牌和商标的创建、使用进行控制，从而达到对于合资企业以及产品市场进行控制的目的。跨国公司对于合资企业无形资产的控制体现在以下几个方面：一是规定由合资企业使用跨国公司的商标和品牌，由合资企业支付商标和品牌的使用费，事实上，有的跨国公司提供的品牌在当地的知名度还不如东道国合资方原有品牌的知名度。二是对合资方的商标和品牌进行封杀，主要表现为，将合资方的品牌和商标收购后束之高阁，弃之不用，经过一段时间后自然从市场上消失。三是利用合资企业的广告和促销费用来宣传跨国公司的品牌，扩大跨国公司品牌和商标的知名度，进而对合资企业的营销渠道构成控制。四是利用东道国合资者在当地的销售网络和渠道销售合资企业生产的但是贴有跨国公司品牌和商标的产品。五是由于跨国公司向合资企业提供的品牌和商标往往是有时间限制的，增值后的品牌和商标实际上属于跨国公司，而到期后，也增加了合资企业对于跨国公司的依赖性。① 上海牙膏有限公司于 1993 年年底经过协商，通过商标使用权许可协议的形式，从 1994 年起，将"中华"、"美加净"两品牌租赁给合资公司联合利华使用，以图品牌的更好发展。而 8 年多的实际运作情况，反使两个品牌的知名度大幅下降，销量大幅萎缩。以"美加净"为例，2001 年 1 ~ 6 月份，销量仅为 1.1 亿支，而在租赁前的1993 年的 1 ~ 6 月为 1.75 亿支。8 年时间，不仅没有增长，反而出现了下降。倒是联合利华的自有品牌"洁诺"在中国市场迅速崛起，从无到有并迅速增长到年销量 6000 万支。同样，被宝洁公司收购的熊猫洗衣粉经过 7 年合资后，从年产量 6 万吨、占全国市场份额的 10% ~ 15%

---

① 参见杨忠著：《跨国公司控制合资企业机制研究》，江苏人民出版社 2002 年版，第 171页。

下降到 2000 年收回时的 4000 吨，而宝洁的自有品牌"汰渍"洗衣粉则由"0"发展到今天的几乎家喻户晓。同样在合资中被外方收购后冷冻起来的中国名牌还可列出一长列，有的现在已经彻底被市场遗忘了。①

　　李维安、吴先明等人的调查显示，跨国公司母公司通过资金、核心技术、关键管理技能和营销网络等要素的投入，使合资企业的经营决策和日常运行严重依赖外方母公司。如中日合资天津富士通天电子有限公司是由日本富士通天株式会社持股 60%、天津真美电声器材公司持股 35%、日本丰田通商株式会社持股 5% 组成的合资企业。日本富士通天株式会社不仅承担了合资企业绝大部分资金需求，而且包销合资企业的全部产品，为合资企业提供技术支持。结果，合资企业在资金、销售渠道、技术等方面严重依赖日方母公司，自己没有销售渠道，也未设立研发部门，因而在运营上不得不接受日方的控制。中美合资津美公司的情况也是如此，津美公司 50% 的资金由可口可乐公司提供，技术全部来自可口可乐公司，主要来源于可口可乐公司设在日本的一个科研机构，津美公司的许多重大决策也是在可口可乐公司的支持下做出的，津美公司的各品牌产品通过可口可乐公司设在全国各地的销售网络进行生产和销售。②

　　合资企业的关键性资源源自于其对于企业生产经营活动的重要性和稀缺性，对于关键资源的控制就会掌握企业经营生产的命脉，构成对整个企业的控制。通常情况下，在类似我国的新型发展中国家市场，合资企业稀缺性的关键资源主要是由发达国家的跨国公司提供的，跨国公司因而获得了超过其股权比例的控制权。相对而言，我国参与合资的企业，由于无法掌握对于合资企业重要和稀缺的关键资源，因而就无法获得与其股权比例相一致的控制力。

---

①　转引自王冬英：《我国品牌被侵蚀的成因及对策研究》，载《商业研究》2004 年第 19 期。
②　李维安、吴先明：《中外合资企业母公司主导型公司治理模式探析》，载《世界经济与政治》2002 年第 5 期。

# 5.6 中外合资企业的治理结构

## 5.6.1 公司治理结构的理论含义

企业最重要的活动是进行有效率的生产。有效率的生产包含两种含义：一方面，企业最大化自身的利润水平；另一方面，市场和企业要通过一定的制度来保护企业参与者的权利，激励参与者进行对企业的专用性投资。这两方面的协调就是企业参与者之间的利益和权力的平衡问题，现代企业就是通过公司治理结构来实现这一平衡，由于公司治理结构的重要性，引起了目前理论界的广泛关注，不同的企业理论对之都有着不同的解释，因而公司治理结构是一个多角度多层次的概念。主流的企业理论围绕着契约从各自的角度对公司治理结构进行了较为充分的阐述，由于各自理论角度和出发点的不同，使得对公司治理结构的理论诠释出现一定的差异和融合。

委托代理理论把企业看做是委托人和代理人之间围绕风险分配所做的一种契约安排，从这个理论角度来看，公司治理结构就是因委托代理问题而产生、又为解决企业内部委托代理问题而服务的契约制衡机制，它规定着企业内部不同要素所有者的关系，通过契约对所有权和控制权进行分配，其主旨在于恰当处理不同权利主体之间的监督、激励和风险分配问题，促使经营者与所有者的利益相一致。

交易成本经济学主张在契约不完全的情况下，通过比较不同治理结构来选择一种最能节约交易成本的制度。威廉姆森（Williamson，1985）从交易成本和资产专用性的角度阐述了公司治理结构制度存在的必要性，他以交易为分析单位，把每次交易都看成一种契约的缔结，由于人的有限理性和未来的不确定性，双方无法签订完全性的契约，又由于具有交易专用性的各种资产投资很难从交易的锁定效应中解脱出来，事后的机会主义会损害签约方的专用性投资，因此必须引进治理结构来解决矛盾冲突，避免事后机会主义给交易双方带来可能的损害，治理结构就是能够最大程度节约交易成本的制度安排。根据威廉姆森的观点，董事会作为保护投资者专用性投资的一种制度手段，是约束在要素投入者之间所产生的准租金事后讨价还价的公司治理机制的一部分。

沿袭交易成本经济学关于契约不完全性的观点，哈特等人（Hart、Grossman 以及 Moore，简称 GHM，1986，1995）认为在企业内部和市场中存在着关系专用性投资和契约不完全性引发的敲竹杠问题。为防止这类敲竹杠行为，GHM 提出剩余控制权的理论，认为在不完全契约的世界里，在无法详细描述未来偶然状态的情况下，除了契约已规定的特定控制权外，剩余控制权的事前配置是必需的，控制权的事前安排决定着谈判地位，它影响事后契约准租金的分配，而控制权是通过财产的所有权实现配置的，最优的产权安排应该是那些具有重要的非人力资本专用性投资的人掌握企业的所有权或控制权。哈特（Hart，1995）在 GHM 模型基础上提出了公司治理理论的分析框架。[1] 哈特指出，在契约不完全的情况下，公司治理结构被看做是一个决策机制，而这些决策在初始契约下没有明确地设定，更确切地说，治理结构分配公司非人力资本的剩余控制权即资产使用权，如果没有在初始契约中详细设定的话，治理结构决定其将如何使用。由此可以看出，公司治理结构体现了剩余控制权的组织配置，控制权是公司治理的基础，公司治理结构是控制权的实现形式。

综上所述，公司治理结构就是企业所有权与控制权之间的一系列制度安排，这些安排决定企业的目标，谁在什么状态下实施控制，如何控制，风险和收益如何在企业不同的成员之间分配等一系列问题（布莱尔，1995）。[2] 具体来说，公司治理结构是有关所有者、董事会和高级执行人员即高级经理人员三者之间权力分配和制衡关系的一种制度安

---

[1] Hart, O., "Corporate Governance: Some Theory and Implications", *The Economic Journal*. Vol. 105, 1995.

[2] ［美］M. 布莱尔著，张荣刚译：《所有权与控制：面向 21 世纪的公司治理探索》，中国社会科学出版社 1999 年版，第 24 页。

排，表现为明确界定股东、董事会、监事会和经理人员职责和功能的一种企业组织结构。从本质上讲，公司治理结构是企业所有权安排的具体化，是企业内部通过组织程序所明确的所有者、董事会和高级经理人员等利益相关者之间权力分配和制衡关系，具体表现为公司章程、董事会议事规则、决策权力分配等一些企业内部制度安排。

## 5.6.2　中外合资企业的董事会

在现代企业的治理结构中，董事会是一项十分重要的制度安排，作为企业的最高权力机构，董事会是股东的所有权代表，负责决定企业生产经营的一切重大问题，董事会在公司治理结构中处于核心地位。因此，从理论上讲，如果哪一方控制了企业的董事会，哪一方就控制了企业。

作为一项通行的国际惯例，合资企业董事会中的席位是根据合资各方投入的股权比例分配的，如果跨国公司在合资企业中总股本所占股权比例超过了半数，则认为跨国公司取得了合资企业的控股权，相应地，跨国公司在合资企业中的董事席位也就超过了半数，由于董事会实行少数服从多数的决策原则，合资企业的董事会也就相应处于跨国公司的控制之下，进而导致合资企业的经营活动被跨国公司所支配。同样作为国际经营中的一项国际惯例，董事会中的董事长由董事人数较多的一方出任。董事长作为合资企业的法人代表和董事会的最高领导人，对于企业的决策以及管理的影响较大。在跨国公司控股的合资企业，跨国公司的董事直接代表了跨国公司的利益，因而跨国公司的股权控制体现在合资企业的直接形式就是对于董事会的控制。

当跨国公司拥有多数股权情况下，董事长职位和董事会都会被跨国公司的代表所掌握，由于在中国等发展中国家，本地企业技术和经营管理水平都不高，在与跨国公司的合资中，通常是由具有较高技术水平和经营管理水平的跨国公司负责企业的日常生产和管理，所以，跨国公司掌握多数股权，实质上已经将合资企业的重大决策和日常经营一揽子纳入手中，这种基于股权控制的形式是跨国公司对于合资企业控制程度最高的方式。此外，在中国的合资企业中，也还存在着这样的现象，即占有多数股权的跨国公司出让董事长职位给中国国内人士担任，但在跨国公司掌握了控制权和多数股权的合资企业里，这一职位更像一种荣誉职务，不可能改变跨国公司的控制地位。

在跨国公司拥有合资企业的对等股权或少数股权时，跨国公司无法在董事会内部占据多数席位，因而在召开董事会时无法控制合资企业的决策，跨国公司就会尽可能的谋求对于合资企业的实质性控制，当董事长由东道国合资企业委派时，跨国公司就会力争总经理由外方人员担任。通过对于企业日常经营管理的直接干预以达到对于企业的实际控制，以求得更大的发言权。

根据李维安、吴先明（2002）对天津开发区 200 家投资额在 1000万美元以上的"三资"企业的调查，合资企业通常是采取有限责任公司的形式设立，合资企业的股东一般只有中外两家投资企业，因而在治理结构上没有股东大会，董事会无法通过股东大会产生。合资企业董事会人员由中外双方协商产生，其比例取决于公司的股权结构。双方协商产生的董事组成董事会。董事长在中外双方合资洽谈时就已拟定，但要通过董事会认可。在董事会的构成方面，只有 10% 的企业聘请了外部董事，90% 的企业没有聘任。从董事会的规模来看，接受调查的中外合资企业董事会的规模普遍较小。调查还发现，只有 10.1% 的企业认为"董事长的任命权"在合资企业的控制方面很重要；与此相对照，有80.2% 的企业认为"有委任总经理的权力"对于控制合资企业非常重要。在被调查的合资企业中，常见的情形是外方人员出任总经理，中方人员出任董事长。合资企业董事长的权利既比不上外资企业的董事长，也比不上我国国有企业的董事长，他无法改变董事会的决定，在外方董事占大多数或绝对优势的情况下，董事长形同虚设。而总经理则享有实际的权利，使董事会执行自己的意图。所以，合资企业外方母公司通常强调拥有总经理的任命权，有时甚至将此作为合资的先决条件之一，而对董事长一职则不那么重视。①

## 5.6.3　中外合资企业的治理结构特点

同一般现代公司制企业的治理结构不同，由于只有有限的几个股东，合资企业不存在所有权分散的情况，控制权相对集中于母公司手中，因此也不会出现伯利和米恩斯所说的现代企业所有权与经营权分离的问题。

在中外合资企业里，董事与董事长都是由双方母公司委派担任，是母公司行政指派的结果。对于企业本身，董事会并没有太大的人事决定权，董事长是事先确定而后经董事会认可，企业的总经理也是由母公司委派，只是由董事会走一下形式进行任命。董事会实际上并没有决定企业高级管理人员的权力。在合资企业的战略方面，董事会也没有实际的权力，合资企业的战略制定和实施需要得到母公司的批准，董事会的职责实际上是负责落实母公司下达的经营战略方针。一些重要的决策，如增资、撤资、高级主管的任免以及产品销售市场的选择等基本上由母公司决定（吴先明，2005）。② 在合资企业中，董事会的权力被母公司所取代，造成了董事会职能的弱化。

合资企业的经营管理，也受到了母公司的严密控制，合资企业的经营管理人员直接受到母公司的调派和监督。根据李维安、吴先明（2002）的调查，有60.1%的在华合资企业由母公司制定政策，考核、评价董事及经理人员的业绩，只有10.1%的企业实行内部层层考核。在对经理人员的监督方面，有62.5%的企业依靠来自外方母公司的财务审计，只有37.5%的企业主要依靠合资企业董事会的监督。对天津16家中德合资企业的典型调查表明，有56.25%的企业由各自母公司制定不同的经理人员考核标准，只有6.25%的企业由董事会制定考核标

---

① 转引自李维安、吴先明：《中外合资企业母公司主导型公司治理模式探析》，载《世界经济与政治》2002 年第 5 期。

② 参见吴先明著：《跨国公司治理》，商务印书馆 2005 年版，第 251 页。

准。可见，中外合资企业对经理人员的监督和考核主要是通过母公司进行的。在监督机制方面，中外合资企业普遍未设立监事会。调查显示，只有 10.1% 的企业建立了监事会，20.1% 的企业建立了相当于监事会的机构，其他企业均未建立监事会制度。

由此可见，在中外合资企业中，董事会、监事会的职能实际上由母公司外部控制所代替，对企业的控制力主要来自母公司，合资企业自身的内部治理处于次要地位。

在合资双方对于企业的控制方面，中外合资各方持有合资公司的股权，承担了合资经营的风险，并按照合资的股权比例分享剩余收益。从形式上来看，合资企业的控制权和收益权是按照股权比例分配的，如合资各方在合资企业董事会的董事席位是按照股权比例分配的，合资企业的重大决策都经由董事会投票表决，拥有投票权也就拥有了一定的决策权。但是，由于控制权自身的特点，决定了合资各方不可能完全按照股权比例来分享控制权，由于合资各方对于企业关键资源的控制能力的不同，造成了各方对于合资企业控制权和股权比例不相一致的差异。

合资企业的跨国公司母公司在治理结构安排中不仅重视对于合资企业进行股权控制，而且还非常重视通过非股权安排的方式达到控制合资企业的目的。跨国公司通过对于资金、技术、管理和市场营销网络等关键资源的控制，使合资企业的经营决策和日常经营严重依赖外方母公司，从而造成合资企业的控制权由通常由拥有优势资源的外方母公司掌握，形成了跨国公司控制型的在华合资企业治理结构特点。

# 6 中外合资企业的独资化倾向

从 20 世纪 90 年代中期以来，当外商在我国直接投资总额不断扩大的同时，外资企业在我国经营的方式也发生着转变，在越来越多进入中国市场的跨国公司选择独资形式的同时，许多原有合资企业，特别是众多知名跨国公司，像日用化学品行业的汉高、宝洁，家电业的西门子、松下、LG 电子，电梯制造业的迅达、通讯设备制造业的诺基亚等在华投资的合资企业都先后通过外方增资扩股、收购中方股份、重组合资企业等方式实行独资化、控股化。

## 6.1 在华合资企业的独资化现象

据天津市外经贸委统计，2001 年 1 ~ 10 月份，外商投资企业在津增资总额达到 9.3 亿美元，其中外方增资额为 8.1 亿美元（李维安，2003）。2000 年天津的 120 家由世界 500 强企业投资的项目中，外商独资和控股企业合计已占 82.5%，其中约 40% 是通过增资扩股实现控股的。根据陈佳贵、黄群惠的调查，深圳的中外合资企业，在设立之初，中方与外方的股权比例一般相差不大，在随后的发展过程中，外方不断增资扩股，所占股权比例不断增加，目前世界 500 强企业在深圳的合资企业中大部分已是外方控股或独资企业（赵增耀，2004）。

在制药行业的合资企业中，根据毛蕴诗等人的调查，自 1980 ~ 2001 年间，外方占少数股权合资企业的比例从 1980 ~ 1985 年的 46.7% 减少到 1997 ~ 2001 年的 13.8%，而对等股权合资企业的比例由 1980 ~ 1985 年的 40% 降为 1992 ~ 1996 年的 4.3%，虽然 1997 ~ 2001 年又反弹到 13.8%，但仍远远低于初期的水平。而多数股权和全额股权的子公司不断增加，从 1980～1985 年的 13.3% 上升为 1997～2001 年的 72.7%，这说明外资控股和独资公司在外资制药企业中越来越处于主导地位。

在日化行业 15 家主要的中外合资企业中，已经有 8 家转为外商独资企业，其余 7 家中除了两家仍为中方控股外，其余都是外方控股的合资企业（毛蕴诗、李敏、袁静，2005）。

近年来，许多知名的跨国公司也加紧将自己在华的合资企业转化为独资或控股子公司。比较典型的如：阿尔卡特将其在上海贝尔的股份由 31.65% 增加到 51%；三星集团将其在三星电子的股份由 50% 增加到 91.5%；杜邦公司将其在华独资企业增至 6 家。2004 年 11 月持有上海东芝 90% 股份的日本东芝以 92 万美元取得了合资方上海金桥 10% 的股份，从此将东芝电脑上海有限公司变为日方独资企业。广州宝洁于 2004 年 10 月合并天津宝洁，至此，宝洁在中国 10 个法律实体中，除沙宣（上海）是合资公司外，其余 9 家全部实现独资经营。2004 年 8 月，北京国际交换系统有限公司（BISC）宣布更名为北京西门子通信网络有限公司（SCNB），西门子持股比例从 40% 上升到 67%，企业股权结构也由参股企业变为控股企业。越来越多的事例表明，在华经营合资企业多年的跨国公司，开始形成由合资经营转向外资控股进而到外商独资的发展倾向。

## 6.2　中外合资企业外资增资扩股的方式

所谓外商增资扩股，是指在合资企业中，跨国公司通过增资、收购等方式改变原合同及章程中外商的投资比例，从而扩大自己在企业所占股权比例的行为。根据胡泓（2001）等人对于在华合资企业增资扩股行为的研究和调查，常见的有以下几种表现：

（1）跨国公司收购中方一部分股份。在合资企业的运行过程中，由于种种主观及客观的原因，诸如经营观念的差异、后续资金的短缺等而出现一方收购另一方的部分股份的问题，从意愿上讲，中方合营方有主动出让的，也有被动出让的，但以外方收购中方股份的居多。

（2）外方单独要求增资扩股。近年来，跨国公司来华直接投资呈上升趋势，它们具有雄厚的资金、先进的技术以及较为长远的战略规划，当企业产品打开销路，市场需求量日益旺盛时，往往会单方面提出增加自己股份的要求，而中方增加自己股份的能力相对较弱，又无法引用相关法规拒绝外方的要求，从而使外方得以轻松地实现单方增资扩股的目的。

（3）外方单独将从企业所获利润再投资于企业从而扩大本方股权比例。《合资企业法》第七条规定，外方经营者将分得的净利润用于在中国境内再投资时，可申请退还已缴纳的部分所得税，这条规定实质上是为鼓励外商增加投资而给予的税收优惠，所以，有些合资企业的外方也乐意按此条规定单独追加自己在合营企业中的投资。

（4）中方合营投资者经外方合营者同意，将股权质押给外商合营者，外商依照法律规定或合同约定取得中方部分甚至全部股权。按照《担保法》的规定，汇票、支票、债券、股份可以进行质押，以有限责任公司的股份出资的，适用公司法股份转让的有关规定。在现实经济生活中，有些合资企业的中方为了融通更多经营资金，将自己在合资企业中的股份部分质押给外方合营者以获取流动资金，一旦借款不能按期归还，尤其是不能全部返还的，便存在外商股份增加从而导致股权比例变动的情形。

（5）中方投资母体在特定情形下终止。中方投资母体出现破产、解散、被撤销等企业终止的情形，司法机关依法执行中方投资母体在合资企业中的股份，外商代为出资履行中方母体的义务，从而获取合资企业中中方的部分股份。

（6）中外双方按原有股权比例对等增资，原投资比例在双方增资扩股后不发生变化，这是一种较为理想的状态，既扩大吸收了外资又未影响中方权益，但现实中能实现同步增资的企业为数极少。①

## 6.3 合资企业的内部冲突

从交易成本的角度来看，随着技术水平的提高和企业规模的扩张，市场交易成本逐渐增大。为节约交易成本，同时也为了降低市场的不确定性，日渐扩张的企业组织强化了对市场组织的替代，由此导致多种具有合作性质的"复合体企业"的出现，合资企业是由跨国公司通过与东道国企业的合资经营，形成一定的资本权力结构，从而形成一种较为固定和紧密的经济联合体。

从契约的角度来看，中外合资企业是在合资双方相互信任和互惠互利的基础上形成的，但是由于合资企业是由两个或两个以上的利益母体组成的经济联合企业，组成合资企业的母公司的利益和目标往往不尽相同，因而造成了合资企业的内部冲突和矛盾，使其从开始组建，就具备了不稳定的因素。

（1）合资双方合资目的不同引起的冲突

对于参与合资的跨国公司来说，是从其长远的、全球的市场发展战略考虑而建立合资企业的，虽然也考虑合资企业本身的赢利与发展，但更看重合资企业对其全球化战略的贡献，当合资企业的利益与其全球化战略利益冲突时，宁可牺牲合资企业的利益，也要服从其全球化战略利益的需要。

而参与合资的中国公司，通常是为谋求现有企业的发展出路，将其最有价值的资产和人员投入合资企业，对合资企业的赢利和发展寄予很高的厚望，希望通过合资引进外方先进技术和管理，增加赢利，维持就业。

双方母公司对合资企业期望值或合作动机的分歧，导致了合资企业

---

① 参见胡泓:《中外合资企业外商增资扩股的综合分析与对策》,载《河南师范大学学报》(哲学社会科学版)2001 年第 4 期。

在战略目标、技术投入、权利和利益分配等方面都会产生摩擦和冲突。①

（2）对外扩张战略上引起的冲突

在东道国开拓新市场，只要凭外方拥有技术就可以进入的新市场，外方就以单方独资建生产基地进入新市场，或与新市场当地的其他的母公司组成类似的合资企业。在合资企业东道国重复建立类似的合资企业，可以增大外方对合资企业资源的配置能力，却会使合资企业东道国投资方的利益受到损害，从而可能导致冲突。

（3）技术控制引起的冲突

跨国公司往往通过控制合资企业的技术，来谋取在合资企业中的地位和经济利益，如通过合资企业向跨国公司或跨国公司在东道国的独资企业购买关键技术或核心零部件，购买技术的先进程度及购买价格都控制在外方手中。跨国公司牢牢掌握着核心技术，利用其全球的技术开发资源和能力，推出适合合资企业东道国市场的新产品，保持其在东道国市场的技术优势，构筑技术壁垒，维持其市场优势地位。对合资企业的开发能力建设，纳入其全球化战略来考虑，将合资企业的开发能力建设规划与其全球的开发资源能力，统一规划安排；而东道国合资方的合资目的，就是通过合资提高企业的技术开发能力，往往在企业的发展规划上，提出投资技术开发能力建设要求，培育合资企业的开发能力，在技术开发上摆脱长期对跨国公司的依赖。因此，在合资企业的开发能力建设以及规划投资上的不一致，往往导致冲突。

（4）企业文化差异的冲突

国际合资企业是跨国体、跨民族、跨地域、跨政体的特殊企业，必须在异域文化环境中努力建设具有公司特色的企业文化，树立共同的价值标准、道德标准和行为模式等，把具有不同文化背景的各国员工凝聚起来，共同实施公司的经营战略。而在国际合资企业经营实际中，当组

---

① 参见赵增耀:《外商在华投资独资化趋势的演化机理及应对策略》,载《世界经济与政治》2004 年第 4 期。

织面临两种或两种以上的不同文化同时作用时，必然会产生某种程度的冲突。实践表明，合资企业表面、浅层次的文化融合比较容易，但深层次的文化融合则比较困难，由于文化差异的存在，中外双方在交流与合作中常存在以下问题：

①对双方的政治、经济、法律，尤其是社会文化环境缺乏足够的了解，文化敏感性差，双方往往依据自身的文化，对来自对方的信息做出分析和判断，从而产生了不少误解和冲突。

②对对方的公司文化及管理方式缺乏了解，或完全照搬外方模式造成"水土不服"现象；或双方各持己见，互不相让，造成"双重指挥系统"现象。

③双方对合作中可能出现的困难的程度没有足够的思想准备，文化适应能力、解决文化冲突的技能都差强人意，同时未能建立起相互信任和理解的协调机制。

文化冲突对国际合资公司经营活动的影响是多方面的，影响管理者与当地员工之间的和谐关系，导致公司市场机会的损失和组织机构的低效率，使跨国公司全球战略的实施陷入困境。

（5）谋取合资企业的控制地位的冲突

为解决各种分歧和冲突，为合资企业的顺利运营创造有利的内外部环境，合作各方必须解决这些冲突。有效的解决途径之一就是谈判协调。谈判协调过程需要花费许多人力、时间，合资企业为此所付出的谈判协调成本巨大，而且也影响正常的经营、生产。为降低这种成本，跨国公司则采用各种控制手段以达到在合资企业中拥有绝对优势或占据控制地位，以实现拥有最终决策权的目的。因此，使分歧扩大和冲突的恶化。

由于合资企业内部的矛盾和冲突，势必会引发合资企业结构的不稳定，从而导致合资企业的权力和利益的重新安排和调整。

# 6.4 对于合资企业外资独资倾向的理论分析

## 6.4.1 合资契约的不完全性

从契约理论的角度来看，如果契约签订双方当事人能够完全预见契约期限内所有可能发生的突发事件，而且能在事前明确规范，以及当事人对契约条款发生争议，法院也能够裁决并强制执行，这样的契约便是一个完全契约。然而，事实上的完全契约在现实中并不存在，·由于人的有限理性，外部环境的不确定性、复杂性，信息的不完全、不对称等因素，使得缔约当事人及第三方（法院）无法事前观察与事后证实，造成了契约的不完全性。在国际合资企业契约中，成立合资企业的契约双方常会面临知识、技术、市场、资金以及其他与企业有关的不确定因素，这些不确定性常常会使签约当事人在事前无法预知企业在未来所面临的问题，也无法准确评估其投资的收益和企业的发展趋势。此外，当事人在成立合资企业以及运作企业的过程中，信息的搜寻、契约的监督与执行、谈判与决策制定等活动所涉及的交易成本，也会对合资企业契约的形成到履行产生显著的影响。不确定性、有限理性与交易成本的存在，使合资企业契约在本质上便是一种不完全契约。重要的是，在契约的履行中，需要契约缔约各方进行必要的关系专用性投资，虽然当事人的专用性投资多寡各有不同，但是只要投资后就会都成为沉没成本，在一定程度上当事人已被锁定（Lock in）入合资关系，合资企业契约的不完全性可能会诱使一方当事人利用信息优势，攫取其他当事人专用性投资的可占用性准租，机会主义行为就会造成合资契约中的矛盾和冲突，为了解决这类企业内部的不确定性，通常拥有资源优势的一方即跨国公司就会加大对于合资关系至关重要的关键性资源的控制，排斥东道国企业对于企业资源的进入，并利用对于这些资源的控制来获取合资企业的控制权，因而造成了合资企业的不稳定因素。可以这么说，合资企业契约性质的不完全性造成了合资企业结构的不稳定性。

## 6.4.2 合资企业契约的事后再谈判

当跨国公司与东道国企业决定建立合资企业而拟定合作契约时，当然希望合作契约会为双方带来帕累托效率，因为任何机制的设计都是为了达到帕累托最优的目的。此外，双方也会期望契约设计的机制会导引各方形成"诚实宣告"的完全信息的均衡结果。但是由于契约本质的不完全性，因而导致契约机制缺乏对于契约双方遵守机制进行合作的制约，因而再谈判是不可避免的。显而易见，当双方很难排除事后的再谈判，其形式与结果将对交易内容以及双方的事前投资产生显著的影响。

在契约理论的文献中，多数经济学家假设再谈判是一个黑箱（Black Box）（Chung，1991；Aghion & Dewatripont，1994；Maskin & Moore，1999），而 Shavell（1980）、Rogerson（1992）、Edlin & Reichelstein（1996）等虽从法律层面讨论在一般商业契约中常见的毁约补救措施的设计，但是也维持了类似的假设。只有哈特（1995）等人对于再谈判进行了描述，但是目前对于再谈判的研究主要讨论的是交易价格的再谈判。从再谈判的结果来看，部分文献侧重再谈判之后的再谈判剩余全部归于一方，如 Chung 假设拥有谈判能力的一方取得所有的再谈判剩余。Aghion则是利用质押（Hostage）与到期日（Deadline）的设计，决定谁能取得所有的再谈判剩余。就再谈判对于关系专用性投资的影响来看，Chung、Aghion 等认为，只要契约中一方拥有完全的谈判能力，便能够引导专用性投资达到最优水平。

对于合资契约来说，再谈判过程是双方实力均衡改变的结果，在合资企业的双边契约关系中，由于合资企业产生企业租金的关键资源一般是由跨国公司提供和控制的，因此，企业的股权虽然并不是由跨国公司完全拥有，但是企业的控制权却常常由跨国公司所掌握。因此对于契约的再谈判过程，跨国公司拥有较强的谈判能力，能够主导再谈判的结果。对于再谈判的内容，合资契约双方争夺的不是交易价格，而是合资企业的所有权和控制权，体现了合资企业产权结构的变化。

## 6.4.3 合资企业的产权结构与企业效率

阿尔钦（Alchian，1972）认为，社会稀缺资源配置的问题就是对资源使用权的分配、市场价格如何决定的问题，实际上就是产权如何界定与交换的问题。对于不完全契约理论来说，由于契约双方权利和义务的难以确定，更提供了产权分析的理论空间。在企业理论中，产权的概念主要包括剩余索取权和剩余控制权，也就是所有权。产权的界定在制定契约关系时十分重要，因为界定的方式将影响契约双方事前投资的激励。

Aghion 和 Tirole（1994）的研究发现，产权如何分配取决于两个因素：①契约一方事前投资的边际效率相对高于另一方的投资时，所有权应归于前者。②所有权归于具有事前谈判能力的契约方时，总是较有效率的。哈特和摩尔（Hart & Moore，1990）认为，如果一方在契约剩余的产生上比另一方更为重要，相关的所有权应归属这一方；倘若双方在契约剩余的产生上高度互补，则双方应共同拥有所有权。但是，这些研究大都假设产权结构为事前给定，所以它们的模型可以显示产权的分配怎样影响事前的投资，却无法解释产权的分配如何由模型内生决定。

在本书对于合资企业契约关系的分析框架中，产权的分配是内生的和动态的，产权结构的变动代表了契约各方自身因素与市场因素变化的结果。德姆塞茨（Demsetz，1988）认为，产权是一种能使本身或他人获益或受损的权利，这项权利如何被分配或使用，与谁是所有者无关，因为市场能激励每个所有者以最有价值的方式来利用他的产权，而最有价值的利用方式则是由市场上的各种条件所决定的。巴泽尔（Barzel，1989）将产权的界定视为一种演进的过程，随着新的信息的获得，资产的潜在用途为交易各方所了解，通过对于资产权利的交换可实现资产用途的最大化，而每一次权利的交换，资产的界定也随之改变，在契约中将会出现新的产权关系，而新的产权关系将会提升契约交易的效率。基于内生和动态的观点，笔者认为合资企业的股权结构变化是契约外部环境条件改变的前提下，跨国公司与东道国企业实力均衡的改变造成的，是市场资源自然配置的结果，能够促进合资企业效率的提高。

## 6.4.4 对合资企业独资倾向的分析

在合资企业契约关系中，双方对于企业的控制能力取决于各自的谈判能力，这种谈判能力是基于双方对于合作需求的紧迫性、可利用资源的多少、掌握的资源对于合作关系的稀缺性、其他可供选择的机会以及合资双方的优势与劣势的比较。在新兴市场经济国家，政府对外方股权比例严格限制，往往支持合资或合作，限制独资。在跨国公司初始进入阶段，东道国市场发育不完善，法制不健全，存在严重的市场失灵问题，对跨国公司而言，取得当地资源获取权优势较之获取控制权更有利于进入东道国；由于跨国公司是初次进入东道国，外部风险成本明显大于内部交易成本，合作伙伴对于当地市场的专有知识和资源有助于降低跨国公司进入的风险，采取合资的形式也有利于跨国公司汲取东道国当地企业的专有知识和资源。因此在初始阶段，由于外部环境的约束和对东道国知识的学习需求，跨国公司更倾向选择合资或合作经营方式。

随着对外开放程度的提高，东道国政府对外资股权比例管制趋于放松，东道国的市场更趋有效，资源的市场配置水平也明显提高，跨国公司对东道国资源依赖性下降。同时，经过一段时间，曾经是当地合伙人专属的知识和资源，随着跨国公司在东道国经营经验的积累，其重要程度会从不可缺少转变成不再重要，跨国公司对于合作伙伴的合作需求也会减弱或消失。另外，由于合资企业特有的不稳定性，合资企业内部交易成本随着合资双方矛盾和冲突不断加剧而不断上升，使得合资企业内部交易成本开始高于外部风险成本，而跨国公司由于牢牢掌握了企业关键资源的控制权，使得合资双方的谈判能力发生了较大的变化，市场对于资源配置的力量会促使合资双方通过再谈判方式根据双方对于合资企业产出的边际贡献重新界定各自的产权。跨国公司由于在合资关系中实力强于合作伙伴，因此，掌握实际控制权的跨国公司会逐步扩大自身股权比例，以求得与控制权相适应的收益权。所以，在东道国诸多环境因素明显改善，全球经济一体化程度进一步提高的情况下，跨国公司倾向于通过增资扩股将合资企业转变为独资企业。

从保护所有权知识的角度来看，股权安排是资源配置和控制权的法律依据，而且它是保护跨国公司专有知识和技术并从其投资和贡献中获取经济回报最大化的重要手段（Gatigon & Anderson，1987）。选择控股或全资子公司可以有效地保护所有权知识不被泄露，从而可以最大化的从这些知识和技术中获取经济回报。

从战略实施的角度来看，随着全球一体化的发展，全球市场的国家壁垒逐步打通，跨国公司开始大规模采取一体化战略，控制权变得更为重要。为了保持对于海外子公司的控制权，跨国公司必须在海外子公司中占有多数股权地位，从而有利于提高跨国公司对于子公司运营的组织控制（Gatigon & Anderson，1987）。

从避免内部冲突的角度来看，跨国公司自然会趋向于选择使其交易成本和生产成本最小化的治理结构（Williamson，1989）。高份额的股权安排减少了机会主义和冲突引发的交易成本（Hennart，1989；Hill，1990）。减少决策矛盾以及降低与合伙人达成一致而付出的协调成本，①通过股权的集中，可以有效地提高治理效率和管理效率。

---

① 参见毛蕴诗、李敏、袁静著：《跨国公司在华经营策略》，中国财政经济出版社 2005 版，第 89 页。

# 6.5  跨国公司在华合资企业控股、独资倾向的成因

## 6.5.1  形成在华合资企业独资倾向的环境因素

（1）政策变化的因素。改革开放初期，由于开放程度低，国内很多行业不允许独资和控股，合资是外方进入中国的唯一选择，以此为背景进入中国的跨国公司，一旦政策限制被取消，其合资企业走向独资则是必然。对于这样的企业来说，走向独资实际上是对中国特定时期非市场行为的一种纠偏。

（2）中国投资环境变化的因素。跨国公司设立中外合资企业的一个重要的考虑就是降低在中国投资的风险，在改革开放初期，中国国内的投资环境虽然在逐步改善，但仍有一些让跨国公司担忧的方面，例如基础设施配套建设、法制环境、政策的稳定性、政府行政干预等方面，因而跨国公司在进行直接投资时首先考虑的就是合资企业，以此减少出资额，降低风险。但 20 世纪 90 年代以来，我国经济持续高速增长，经济形势平稳，市场化程度日益提高，政局稳定，法制日益健全，因而直接投资的风险大大降低，所以外资转而倾向于投资报酬率更高的独资企业。

## 6.5.2  形成合资企业独资倾向的内部矛盾因素

从组织效率来看，独资企业具有合资企业无法比拟的发展优势。独资企业是由跨国公司单独投资设立的企业，其全部资本都归跨国公司所有，包括所有的技术、固定资产、流动资金等，是拥有百分之百外国资本的经济实体。独资企业一般是实行独立核算、自主经营、自负盈亏、

自享其利、独立承担法律责任的经济组织或法人实体，它可以独立经营自己的业务，可以自主地决定企业的组织形式，可以自行聘用国内外员工，也可以按劳动合同制规定解雇职工，外国投资者独立承担企业经营的全部责任，包括盈亏和各种风险，并可独享企业的一切利润。此外，有利于提高企业经营管理的效率。由于独资企业是由跨国公司独资经营管理的，因而可以全面应用其科学管理方法，而且可以避免合营企业和合作企业经营决策中的矛盾和冲突，提高办事效率。正是这种生产与经营的自主独立性，使独资企业形式备受跨国公司青睐。但是，在一定时期内，由于跨国公司暂时无法摆脱合资伙伴，在企业形式上只能采取逐步过渡的方式，从参股合资逐渐上升为控股合资，但其主要目的还是要最终达到独资的企业形式。

以中国第一家中外合资企业——中国迅达电梯有限公司为例。早在1984 年，也就是合资仅仅 4 年之后，外方瑞士 Schindler 公司就提出了增资扩股的计划。由于中方控股，非市场化的机制很自然会占据上风，加之在观念和文化上与生俱来的差异，中外双方在应变能力、发展战略、经营理念、管理方式等方面，就很难达到和谐。在外方控股前，合资双方在企业发展的战略上的矛盾达到了"水火不相容"的地步：外方希望增强企业的服务意识，电梯维修保养由公司承担，中方却一直强调生产的重要性；外方希望将收不回的账款计入"坏账"，中方却担心这样做会导致企业亏损……。另外，以中方为主、平均年龄高达 58 岁的企业管理层，也明显不适应变化的市场。虽然中方在控股权问题上犹豫不决，但最终还是在合资 15 年之后的 1995 年年底，双方签署了延长合资期限 50 年、外方增资 6.5 亿元的新合作协议，Schindler 公司的股权比例最终由 25% 提高到 65%。①

---

① 引自屈晓燕：《合资企业是分是合》，载 2001 年 5 月 21 日《中国企业报》。

## 6.5.3 形成合资企业独资倾向的跨国公司战略的因素

跨国公司采取独资或合资控股的形式，有助于实现母公司的战略目标。由于独资企业是跨国公司全部拥有股权的企业，受其完全控制。而控股企业由于母公司具有强于其他合资形式的控制力，因此，在母公司内部一体化的体制下，可以帮助母公司实现其战略目标，分担一定的任务，起到一定的作用。控股或独资公司可以凭借母公司在人员、技术和销售方面的优势，击败竞争对手，占领当地市场，实现母公司的全球化战略。从进入市场战略角度，跨国公司完全可以以一个成功的企业为范例，将一个独资企业在东道国不断加以复制，从而降低大量的市场调研、企业规划、厂房设计、人员配备等方面的成本，而不必像合资企业那样要进行烦琐的谈判协商等，从而大大降低企业设立的前期准备，节约了时间，降低了成本。

以日本松下电器为例，它是率先整合在华业务的跨国公司之一，1994 年，松下电器合资成立了投资性公司——松下电器（中国）有限公司（以下简称 CMC）。公司成立后，参与了 12 家企业的投资（其他企业由松下电器各个事业部在华直接投资建立）。公司承担了部分松下在华企业产品的代理销售业务，还为松下在华企业提供人员培训、公关等服务业务。为了加强中国用户与松下企业集团之间的关系，它在科学、工业、贸易 3 个领域开展综合性业务。2000 年 10 月，松下中国本部由日本大阪迁往北京，管理层到中国第一线加强在华经营和管理，并在此基础上改造原有的管理体制。2002 年 8 月，松下采取股权转让的方式实现了 CMC 的独资化改造，并由 CMC 与各个合资企业的中方谈判逐步实现下属企业的独资化。CMC 的独资化也为各个分社在华经营提供了一个统一的平台，为它们在华业务提供法律、人才、宣传、物流、财务、保险等的共同服务，节省了大量资金。整合业务并加强中国总部的做法增强了松下在中国的整体竞争力。①

## 6.5.4 形成合资企业独资倾向的基于知识与技术保护的因素

由于独资或控股企业有条件控制企业的先进技术，企业保密程度很高，可以保证某些高精尖技术不落入当地企业之手，有利于保持其在市场的竞争地位，因而，跨国公司就能够大胆地投入某些在世界上具有领先地位的技术和设备，采用较为先进的管理方法和先进工艺。根据江小涓等人对北京市外商投资高新技术企业的行为调查和分析，外商投资高新技术企业采用的股权结构有独资和中外合资两种方式，其中采用最多的股权结构是外方控股的合资企业，占全部样本企业的 52.6%；其次是外商独资企业，占 23.7%；再次是中方控股的合资企业，占 13.2%；最后是双方等比例股权企业，占 10.5%，外商独资和外商控股企业共占 76.1%，占高新技术企业的绝大多数。② 证明为了保护其专有技术，跨国公司倾向于采取高股权合资方式和独资经营方式。

———————————

① 转引自毛蕴诗、李敏、袁静著：《跨国公司在华经营策略》，中国财政经济出版社 2005 年版，第 30 页。

② 参见江小涓、冯远：《合意性、一致性与政策作用空间：外商投资高新技术企业的行为分析》，载《管理世界》2000 年第 3 期。

# 7 外商投资企业股权结构与企业绩效的实证研究

企业最根本的目标是对于效益的追求，跨国公司在华建立下属企业，除了出于战略层面的目标外，最主要的是对于利润的获取，那么，跨国公司追求控股与独资的企业组织形式是否会给它们带来效益上的提高，这是我们所要研究的问题。上述各章分析了在华外资企业的独资化倾向是跨国公司内部因素和环境因素共同作用的结果，由合资向独资的转变，显示跨国公司对于中国市场环境的适应以及对于企业战略目标的实现，体现了跨国公司对于效率的追求。但跨国公司的控制程度与合资企业绩效的关系是怎样的？外资股权的不同水平与企业赢利水平是否存在相关性？关于股权结构对于企业绩效的影响不仅是我们研究跨国公司股权与控制权的核心问题，而且也是我们对于任何一种企业形式进行研究时所必须解决的问题。

## 7.1 本章中股权与控制权的关系

严格来说，企业的股权并不完全等同于控制权，在本书的分析框架中，股权是跨国公司对于独资和合资子公司进行控制的其中一种手段。然而，现有的对国际企业战略研究的文献经常将跨国公司的股权安排与其对于子公司的控制明显的联系起来（Hill，1990；Gomes – Casseres，1990）。在对于国际合资企业进行控制的实证研究中，由于控制权本身难以量化，所以通常经济学家都以股权安排作为控制的替代变量。例如，Fagre、Wells（1982），Stopford、Wells（1972），Killing（1982），

Beamish、Banks（1987），Inkpen（1995）等人，均以跨国公司在合资企业中拥有的股权比例来表示控制程度。因此，在本书中虽然跨国公司对于合资子公司的控制权往往大于其股权，但是，由于控制权的基础就是股权，用股权可以最大程度的代表控制权水平，同时，股权水平可以用指标方便的表示。所以，为了在进行计量分析时满足量化的要求，本书采用国内外通行的做法，使用股权作为控制权的替代变量，来研究跨国公司不同的控制程度对于合资子公司的绩效的影响。

## 7.2 合资企业股权结构与企业绩效的关系

从控制权的角度来看，如果股权被看做是控制权的代替形式，作为合资企业治理中的控制机制，假设较高的股权水平带来较大的控制，而较高的控制权水平意味企业内部较低的矛盾与较高的效率。因此，研究合资企业股权安排与绩效之间的关系，实质上是研究合资企业在不同控制权水平下的组织形式对绩效的影响。在股权安排与企业绩效关系的研究中，正是通过对于不同股权结构形成的企业绩效的对比与分析，从理论上推断出两者的关系，以实证研究加以验证。在本章中假设合资企业不同的股权比例导致了与其股权地位相对应的控制权水平，从而能够产生不同的绩效水平，跨国公司合资子公司不同的绩效可归因于不同股权安排本身内在的特征，体现了跨国公司对于子公司的不同控制权水平对于企业效率的影响。

从资源配置方面来看，在新兴市场模式下的跨国公司投资形式中，在发展中国家的跨国公司子公司的关键性资源大多由跨国公司提供。资源的稀缺性要求资源投入和收益权的相互对应，较高的股权水平使掌握稀缺资源的跨国公司有增加投入的激励，因而使得有较高外资股权水平的控股子公司或独资企业具有较高的利润水平。

从避免内部冲突的角度来讲，投入与产出自然会驱使跨国公司选择使其交易成本和生产成本最小化的治理结构。高份额的股权安排使控制权事先安排给了跨国公司，减少了机会主义和冲突引发的交易成本，相应增加了投资产出。从管理层面来讲，可以减少决策矛盾以及降低于合资伙伴达成一致意见而付出的协调成本，可以有效地提高管理效率，从而使企业效益相应提高。

从保护跨国公司的专用性投资角度来讲，股权安排所对应的控制权配置能够保护专用性投资不会受到事后机会主义的侵蚀，所以它是维护跨国公司所有权知识和从其投资与贡献中获取经济回报最大化的主要手段。选择控股或独资的股权安排可以有效地保护跨国公司的先进技术和专有知识不被泄露，并可以最大化的从这些技术知识中获得经济收益。从另一个方面来讲，正是因为较高股权水平的安排所导致的控制权保护，才会使跨国公司可以放心地将其先进技术和管理知识转移到子公司，因而直接提高了子公司的竞争能力和企业绩效。

以上基于控制权角度的分析，与国际上主流理论对于股权与绩效关系的分析结论是一致的。但是，也有经济学家认为，股权控制与企业绩效之间的关系并不是主流理论认为的具有直接的关系，这种关系要比学者们已经得到的结果要复杂和间接的多（Geringer & Hebert, 1989），如Janger (1980) 认为，合资企业的股权结构形式对于其业绩的影响只有极小的直接影响。根据他的研究，合资企业的股权结构本身并不足以创造一个成功的企业，企业的成功来自于其结构与公司的战略及权力状况的密切配合。[①] 因此，对于合资企业外资股权与企业绩效的关系，我们不仅需要理论上的分析，还需要实证经验方面的考察和支持。

## 7.3 企业股权结构与企业绩效的实证文献综述

关于企业股权结构与绩效关系的研究，最早可以追溯到伯利和米恩斯（Berle & Means, 1932）。他们指出，在公司股权分散的情况下，缺乏控制性股东对于企业的控制力，所有权分散的小股东无法控制企业经

---

① A. R., Janger, *Organization of International Joint Venture*, New York：Conference Board, 1980.

理层的利益取向，无法使公司的股东价值达到最大化，因而现代企业分散的股权结构无法达到企业绩效的最优效率。

主流的企业理论认为，能够使企业价值最大化的一个最重要的方法是合理的股权结构，适当的股权安排能够使企业效率得到最大发挥。詹森和麦克林（Jensen & Meckling，1976）对公司价值与经理所拥有股权与企业价值之间关系进行了研究，他们将股东分成两类，一类是内部股东，即管理层拥有企业的股权；另一类是外部股东，他们没有经营管理权。而公司的价值则取决于内部股东所占有的股份的比例，这一比例越大，公司的价值也越高。

Shleifer & Vishny（1986）指出，控股股东具有足够的激励去收集信息并有效监督管理层，避免了股权高度分散情况下的"搭便车"。此外，大股东在某些情况下直接参与经营管理，解决了外部股东和内部管理层之间在投资机会、业绩表现"信息不对称"的问题。控股股东既有动机去追求公司价值最大化，又有能力对企业管理层施加足够的控制以实现自身利益，较好地解决了传统的代理问题，因而股权集中型公司相对于股权分散型公司具有较高的赢利能力和市场表现。[1]

Myeong – Hyeon Cho（1998）利用《幸福》杂志500家制造业公司的数据，采用普通最小二乘回归的方法，得出了股权结构影响公司投资、进而影响公司价值的经验结论。认为，在公司股权结构的不同区间上，即内部股东拥有股权在0%至7%、7%至38%，以及38%至100%三个区间上，公司价值分别随内部股东拥有股权比例的增加而增加、减少和增加。另外，他还得出了公司价值影响公司股权结构的经验证据，因而认为股权结构是一个内生变量。[2]

此外，Levy（1983）等人的研究发现，美国公司的股价和股权集中度之间存在正相关性。Claessens（1997）对捷克上市公司的研究表明，

---

① Shleifer, A. & Vishny, R., "Large Share Holders and Corporate Control", *Journal of Political Economy*, 1986, 94, pp. 461 – 488.

② 转引自孙永祥著：《公司治理机构：理论与实证研究》，上海三联书店2002年版，第27页。

股权集中度和该公司的赢利能力及在二级市场上的表现之间存在正相关性。

但是，大量的经验研究也并没有得到一致的结果。德姆塞茨（Demsetz，1985）对 1980 年 511 家美国公司进行的研究表明，利润率和股权集中度之间并没有显著的相关性存在。[①] Holderness 和 Sheehan（1988）则通过对拥有绝对控股股东的上市公司与股权非常分散的上市公司（最大股东持股少于 20%）业绩的比较，即它们的托宾（Tobin）Q 值与会计利润率的比较，发现它们之间的业绩没有显著的差别，因而认为公司的股权结构与公司绩效之间无相关关系。[②]

在国际合资企业的实证研究方面，由于合资企业的数据不像公众上市公司数据容易获得，因而相关的实证研究文献较为稀少。

Killing（1983）认为两个以上母公司的存在是造成合资企业管理困难的主要原因，由于交易成本的存在，支配性控制权提供了可以降低协调风险、减少潜在冲突和技术泄密的机制，控制权由一方母公司掌握可以使交易成本最小化，因此母公司主导型合资企业比共同管理的合资企业成功的可能性要高。[③] 但是他没有使用任何正式的统计检验来支持他的论点。

与 Killing 的说法相似，Anderson 与 Gatignon（1986）提出了以下观点：如果用所有权的相对水平来衡量控制程度，那么，对于拥有非常独特的独家产品或工艺流程的企业来说，进入模式所提供的控制越强，企业就越有效率。但是，其他研究者的实证研究却很少能够印证 Killing 等人的观点。例如，Janger（1980）使用与 Killing 相类似的分类体系进行研究后得出的结果并未反映出哪一类型的合资企业会比其他类型的合资企业有更加成功的趋势。Awadzi（1986）等人的实证研究也未发现母

① 参见［美］德姆塞茨著，段毅才等译：《所有权、控制与企业——论经济活动的组织》，经济科学出版社 1999 年版，第 263～265 页。

② Holderness,C. & Sheehan,D.,"The Role of Majority Shareholders in Publicly Held Corporation", *Journal of Financial Economics*, 1988,20:pp. 317 – 346.

③ Killing,J., *Strategies for Joint Venture Successs*, New York：Praeger,1983.

公司的控制程度与国际合资企业的业绩表现之间有何联系。①

相反，Beamish（1984）将 Killing 设计的本来用于发达国家合资企业的调查问卷，用于调查欠发达国家样本中的合资企业，其调查结果表明，完全的外资主导控制与较差的企业业绩之间具有显著的相关性，而较为满意的业绩与控制分享或本地主导型控制之间也具有显著的相关性。他的调查也显示，不成功的合资企业中的跨国公司倾向于尽可能的独自经营，他们不希望与本地合伙人分享控制权来获得当地信息和人才。②

在国内方面的相关研究中，毛蕴诗教授等人在 2002 年对于 550 家跨国公司在华子公司进行了问卷调查，他们用跨国公司子公司最近 3 年的业务收入情况、子公司目标实现程度和再投资意向这 3 个指标来衡量跨国公司在华子公司绩效。用股权安排与子公司绩效指标作相关性分析，其结论显示跨国公司在华子公司的股权安排与绩效之间不存在显著的相关性（见表7.1）。

表 7.1　跨国公司在华子公司股权安排与绩效的相关关系

| 股权安排 | 近 3 年业务收入情况 | 在华目标实现程度 | 在华再投资意向 |
|---|---|---|---|
| 相关系数 | 0.021 | 0.045 | − 0.013 |
| Sig. | 0.66 | 0.351 | 0.78 |
| 样本数 | 438 | 430 | 438 |

注：采用 Pearson 相关系数的双尾检验，表中数据均未达到显著。

资料来源：毛蕴诗、李敏、袁静著：《跨国公司在华经营策略》，中国财政经济出版社 2005 年版，第 90 页。

与毛蕴诗教授在同一课题组中的中山大学杨学军博士在其博士论文

---

① Geringer, J. M. & Hebert, L., "Control and Performance of International Joint Ventures", *Journal of International Business Studies*, 1989, 20(2)：pp. 235 – 254.

② Beamish, P. W., "Joint Venture Performance in Developing Countries", Unpublished Doctoral Dissertation, 1984, University of Western Ontario.

中对世界 500 强企业在广东的子公司样本用同样方法进行了相关性分析，也显示了类似的结果（见表 7.2）。①

表 7.2　世界 500 强在粤子公司股权与绩效的相关关系

| 股权安排 | 2002 年赢利状况 | 目标实现程度 | 再投资计划 |
| --- | --- | --- | --- |
| 相关系数 | 0.029 | − 0.037 | 0.102 |
| Sig. | 0.821 | 0.775 | 0.422 |

资料来源：杨学军：中山大学管理学院博士论文《跨国公司在华直接投资的股权安排问题研究》，2004 年。

相关部分载于毛蕴诗、李敏、袁静著：《跨国公司在华经营策略》，中国财政经济出版社 2005 年版，第 91 页。

　　当前国内外对于股权控制与合资企业绩效的关系的实证研究主要体现在以上这几方面，其主要特点在于：样本数据主要来源于问卷调查，由于合资企业数据的不易获得，使问卷调查形式成为国际合资企业实证研究的主要工具，但是，由于问卷形式的局限性，使得这一统计工具容易受到主观因素的影响，而不能充分反映国际合资企业实现其企业目标的程度。根据 Geringer 和 Herbert 对于国际合资企业实证研究的分析表明，对于一个合资企业来说，即使其财务指标很差、濒临破产或很不稳定，但是，该企业仍有可能实现母公司的目标，因此，可以被一家或所有的母公司视为"成功"的企业。同样，即使某一国际合资企业取得了良好的财务成果或是在管理上持续保持稳定，这家国际合资企业仍可能被视为"不成功"（Geringer & Herbert，1989）。② 对于问卷形式所带来的被调查对象的主观因素对于统计结果的影响，方法论上的解决办法是尽可能的采用客观性较强的企业财务数据，然而，跨国公司通常对于

---

　　① 参见毛蕴诗、李敏、袁静著：《跨国公司在华经营策略》，中国财政经济出版社 2005 年版，第 91 页。

　　② Geringer，J. M. & Hebert，L.，"Control and Performance of International Joint Ventures"，*Journal of International Business Studies*，1989，20（2）：pp. 235 −254.

其子公司的详细财务状况不会公开，这样就造成了能够客观度量国际合资企业绩效方面的计量统计资料的缺失，这也是目前国际合资企业实证研究文献非常有限的主要原因。

同样由于缺乏系统性的数据支持，对于合资企业绩效的实证方法多采用相关性分析或单变量回归分析，无法综合性的考虑在其他多种因素共同影响下，股权控制对于企业绩效的影响，如国内毛蕴诗教授等人和杨学军博士的计量研究都采用了相关性分析的方法，通过股权安排与其他三个代表绩效的变量一一对应的相关程度，来分析股权对绩效的影响，但是，由于影响企业绩效的因素非常复杂，仅用股权结构单一变量无法合理解释其企业绩效的变化程度，虽然他们最后得出的结果不存在显著水平上的线性相关性，但是，如果结果具有相关性，在排除了其他变量对于因变量影响的条件下，得出的结论并不具备实证分析上的充分性。

目前，国内外对于这一领域的实证研究还很有限，特别是在国内，对此有关的系统性的计量分析非常不足，如国内对于合资企业股权安排与绩效关系的研究也仅见于毛蕴诗教授与杨学军博士的统计分析，而两位学者对于这一方面的实证研究也很有限，如在《跨国公司在华投资策略》一书中，毛蕴诗教授等人除相关性分析外，没有对此进行更进一步的分析，杨学军的博士论文在书中的转载部分也显示，由于相关分析得出了线性不相关的结论，也导致作者没有对这一理论关系进行更为深入的研究。

在现代企业理论研究中，对于企业所有权结构与企业绩效的关系问题一直是理论研究和经验研究的重点，大量文献对于这一问题提出了理论假设和实证检验。然而，在国际直接投资的研究中，却还无法做到与企业理论的同步发展，因此，可以认为在这一方面的任何研究进展，都将会有效地促进对于国际合资企业这一企业理论特殊领域研究的发展。

# 7.4 外商投资企业外资股权与企业绩效的实证研究

本书对于外资企业股权结构与企业绩效关系的研究，采用社会科学统计分析软件包：SPSS 13.0 For Windows 进行计算（本节中所有图表均为 SPSS 数据分析结果的原表）。

## 7.4.1 假设提出

根据前述关于合资企业股权结构与企业绩效的理论分析，作者提出以下假设：

中外合资企业的外资股权比例与企业绩效呈正相关关系。①

## 7.4.2 样本数据说明

本书研究的数据资料来自《陕西省外商投资企业 2005 年联合年检财务报表》，由陕西省商务厅提供。②

本书研究的数据样本包括参加陕西省 2005 年外商投资企业联合年检的全部共计 897 家外商投资企业的基本财务数据。由于中外合作企业中的外资比例并不代表其收益权和控制权（合作企业的收益比例与外资股权比例是由具体合同约定，因此并不具有考察的普适性）。因此，本书在样本数据中剔除企业类型为"中外合作企业"的个案；选取经营状态为"已开业"的企业（剔除经营状态为未开业以及已关闭企业的企业）；对于缺省值予以剔除，最后共得到 672 个有效个案。已选择的个案所代表企业为正在经营的中外合资经营企业、外商独资企业以及外

---

① 这里的合资企业概念是广义的，包括一般意义上的独资企业、合资企业和外资股份企业。

② 在此向陕西省商务厅外资处对笔者研究给予的支持表示感谢。

商投资股份有限公司。

## 7.4.3 变量选择

根据前述分析，如果跨国公司的独资、控股倾向的确能对于企业的效率产生积极作用，应该认为较高外资股权比例能够增加企业的赢利能力。本书拟通过多元回归分析的方法来探悉外资股权安排与企业绩效的关系。其中因变量与自变量的设置如下：

（1）因变量为企业绩效。根据传统的企业绩效经验研究，本书设定净资产收益率（ROE）代表企业绩效指标。净资产收益率为净利润与净资产的比率。

（2）自变量中的主要解释变量为外资股权比例（FER）。由数据中外方注册资本占企业注册资本总额的比例计算而成。

（3）自变量中的控制变量。根据 Morck[1]（1988）和 McConnel[2]（1990）的研究成果，认为企业的绩效不仅仅受到股权比例的影响，而且还受到企业规模、涉及资金投入的财务杠杆以及行业因素的影响。因此，本书设计使用公司规模变量、财务杠杆变量和行业虚拟变量来描述这些因素对于企业绩效的影响。

①企业规模（LnScale）：用总资产的自然对数表示企业规模。即公司规模 = Ln（资产总额年末值/10000）。

②影响财务杠杆因素（DAR）：用资产负债率来表示影响财务杠杆的变量，资产负债率 = 负债/总资产。

③行业虚拟变量（Di）：用行业虚拟变量来控制行业因素的影响。

行业虚拟变量选择——用字母分别表示不同行业，具体如下：

A　农、林、牧、渔业

---

① Mock, E., Shleifer, A. and Vishny, R., "Management Ownership and Market Valuation", *Journal of Financial Economics*, 1988, Vol. 20, pp. 293 – 315.

② McConnell, J. and Servaes, H., "Additional Evidence on Equity Ownership and Corporate Value", *Journal of Financial Economics*, 1990, 27, pp. 595 – 612.

B　采矿业

C　制造业

D　电力、燃气及水的生产和供应业

E　建筑业

F　交通运输、仓储和邮政业

G　信息传输、计算机服务和软件业

H　批发和零售业

I　住宿和餐饮业

J　金融业

K　房地产业

L　租赁和商务服务业

M　科学研究、技术服务和地质勘察业

N　水利、环境和公共设施管理业

O　居民服务和其他服务业

P　教育

Q　卫生、社会保障和社会福利业

R　文化、体育和娱乐业

以下考察样本中行业分布的情况（见图7.1）。

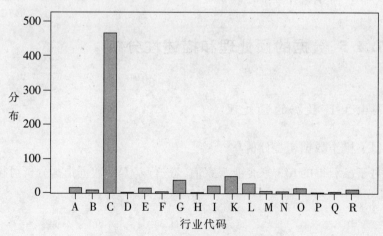

**图7.1　在陕外资企业行业分布**

根据行业分布图，本书选取企业分布数量最多的五个行业作为假设虚拟变量的行业变量标准。这五个变量分别是：

C—制造业，466 家，占企业总数的 69.34%。

G—信息与技术产业，41 家，占总数 6.1%。

I—住宿与餐饮业，23 家，占总数 3.42%。

K—房地产业，51 家，占总数 7.58%。

L—租赁和商务服务业，28 家，占总数 4.16%。

根据以上分布，设定五个行业虚拟变量，如果是所代表的行业，则记为1，否则记为0。为方便起见分别用 D1、D2、D3、D4、D5 代表 C、G、I、K、L，作为控制回归方程的虚拟变量。以上虚拟变量代表的企业共计 609 家，共计代表了总体 90.62% 的企业，其统计信息能够反映总体特征。

## 7.4.4 计量模型的构造

根据以上选择变量的方法，可以设计影响企业绩效的模型（7.1）：

$$ROE = \beta_0 + \beta_1 FER + \beta_2 LnScale + \beta_3 DAR + \beta_4 D1 + \beta_5 D2 + \beta_6 D3 + \beta_7 D4$$
$$+ \beta_8 D5 + u_i \tag{7.1}$$

## 7.4.5 数据的预处理和描述性分析

### 7.4.5.1 数据的预处理

（1）样本数据初步分析

对于已获得的 672 家企业观察值，进行基本的数据结构分析可得：

表7.3　样本初步分析

|  | N | Minimum | Maximum | Mean | Std. Deviation |
|---|---|---|---|---|---|
| FER | 672 | .04 | 1.00 | .6136 | .30053 |
| DAR | 672 | .0000 | 328.3910 | 1.323833 | 13.2539591 |
| LnScale | 672 | .02 | 13.81 | 7.1066 | 1.95801 |
| ROE | 672 | −3.2951 | 3.9868 | .038539 | .2820705 |
| Valid N（listwise） | 672 | | | | |

关于样本数据的说明：

在672家企业中，存在11家外资比例低于25%的企业，经陕西省商务厅解释，这些企业是中外合资企业在陕的再投资企业，即其母公司是在华的中外合资企业，这类企业因外资比例未达到25%，不享受外资企业优惠待遇，但归属于合资企业管理范围，因此本书将这一部分数据样本予以保留。

在分析样本中，存在22家企业的资产负债率为0，考虑到在理论上可以成立，且本书并不涉及账务处理，因此，对这一部分数据予以保留。

（2）样本数据异常值的处理

由以上数据的初步描述性分析显示，数据中可能有异常值存在，以下运用SPSS统计分析软件对于数据进行异常值检查，经计算可见在DAR和ROE中有一定异常值离群存在。见图7.2和图7.3。

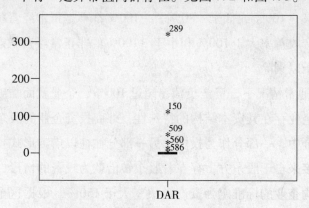

图7.2　资产负债率异常值分布示意

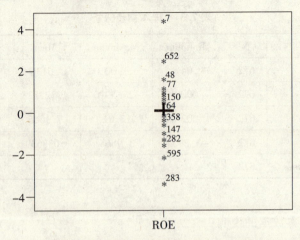

**图7.3　净资产收益率异常值分布示意**

　　如图7.2和图7.3所示，在净资产收益率和资产负债率变量数据中存在着部分异常值，其中有一个数据的资产负债比率甚至超过了300（用百分比表示即在30000%以上），对于异常值出现原因的判断一般有以下两个因素：一是由于报表数据的录入错误；二是确实存在异常经营状态的企业。这两种原因造成的异常数据，都会影响对于正常状态下企业趋势的判断，因此为避免强影响点对于分析的影响，须清除数据中离群较远（即离均值较远的）的极端异常值。本着稳健的原则，本书将采取以下措施对于异常值进行整理：

　　① 由公司财务理论可知，在一般情况下，企业的年度净资产收益率超过80%~100%或低于-80%~-100%都不是正常经营状态，所以对于净资产收益率大于100%和小于-100%的非正常经营状态的8家企业观察值予以剔除。

　　② 在通常情况下，资产负债率超过100%，企业就面临破产。但是在华外资企业存在其资本结构的特殊性，外商投资企业的股东方提供给企业的资金中，一部分作为投资，另一部分往往以借款形式投入。由于其借款很多来自于股东方，存在着股东转借款为投资的情形，所以将异常资本结构企业的标准定为资产负债率大于150%。根据这个标准，对于资产负债率大于150%的31家企业观察值予以剔除。

通过对于共计 39 家异常企业数据的剔除，最后得到总数为 633 家企业观察值作为本书进行回归分析的基本数据。

### 7.4.5.2 数据的描述性统计分析

表7.4　　633 家在陕外资企业描述性统计

|  | N | Minimum | Maximum | Mean | Std. Deviation |
|---|---|---|---|---|---|
| FER | 633 | .04 | 1.00 | .6091 | .29942 |
| DAR | 633 | .00 | 1.49 | .5003 | .33458 |
| LnScale | 633 | .83 | 13.81 | 7.1743 | 1.92091 |
| ROE | 633 | -.5962 | 1.0000 | .044192 | .1334832 |
| Valid N（listwise） | 633 |  |  |  |  |

经过观察可知，在陕西省的外资企业平均外资股权比例接近 61%，呈控股状态，说明目前在陕外资企业独资、控股趋势明显。

从收益的角度来看，在陕西的中外合资、独资企业效益不佳，净资产收益率均值为 4%，收益差别不明显，没有出现普遍的亏损情况。

从资本结构来看，外资企业平均负债率不高，平均值为 50%，低于国内企业 70% 左右的平均水平，企业资产负债率差距不大。

由上述资产规模统计可知，在陕外资企业平均规模不大，而企业间规模差异较为明显。

## 7.4.6 普通最小二乘法回归结果与检验

由筛选后得到的 633 家企业数据，将外资股权比例（FER）、资产负债率（DAR）、企业规模指数（LnScale）、制造业虚拟变量（D1）、信息与技术产业虚拟变量（D2）、住宿与餐饮业虚拟变量（D3），房地产业虚拟变量（D4），租赁和商务服务业虚拟变量（D5）作为自变量，净资产收益率（ROE）作为因变量使用普通最小二乘法进行回归分析，其结果如下：

## （1）模型摘要（决定系数与 D – W 检验）

### 表 7.5　模型摘要

Model Summar$^b$y

| Model | R | R Square | Adjusted R Square | Std. Error of the Estimate | Durbin watson |
|-------|-----|----------|-------------------|----------------------------|---------------|
| 1 | .270$^a$ | .073 | .061 | .1293390 | 1.813 |

注：a. Predictors：(Constant)，D5，FER，D3，D4，DAR，D2，LnScale，D1；

b. Dependent Variable：ROE。

表 7.5 为模型的拟合优度情况，显示模型的决定系数 $R^2$ 为 0.073，调整的决定系数 $adjR^2$ 为 0.061。说明该模型自变量总共解释了 6.1% 的规模方差，考虑到本书采用的是大样本的横截面数据进行微观层面的分析，观测值之间存在较大的变差，较之于时间序列数据，$R^2$ 的取值肯定会出现较低的情况，因此暂且接受这样的拟合结果。模型的 Durbin – Watson 值为 1.813，该值的取值范围在 0～4 之间，如果残差间相互独立，则取值在 2 附近，可以看出，残差间没有明显的相关性。

## （2）方差分析

### 表 7.6　方差分析

ANOVA$^b$

| Model | Sum of Squares | df | Mean Square | F | Sig |
|-------|----------------|-----|-------------|-------|-------|
| Regression | .822 | 8 | .103 | 6.144 | .000$^a$ |
| Residual | 10.439 | 624 | .017 | | |
| Total | 11.261 | 632 | | | |

注：a. Predictors：(Constant)，D5，FER，D3，D4，DAR，D2，LnScale，D1；

b. Dependent Variable：ROE。

从表 7.6 中我们可以看出，所用回归模型的 F 值为 6.144，相伴概率在保留三位小数时（下同）近似为 0.000，说明模型总体解释信息效果良好，自变量与因变量之间存在着线性回归关系，因此上述的回归模型具有统计学意义。

（3）回归系数的显著性检验

表7.7 模型系数结果及检验

Coefficient$^a$s

| Model | Unstandardized Coefficients | | Standardized Coefficients | t | Sig. | Collinearity Statistics | |
|---|---|---|---|---|---|---|---|
| | B | Std. Error | Beta | | | Tolerance | VIF |
| （Constant） | −.098 | .030 | | −3.305 | .001 | | |
| FER | .039 | .018 | .087 | 2.112 | .035 | .884 | 1.131 |
| DAR | −.034 | .016 | −.086 | −2.136 | .033 | .923 | 1.084 |
| LnScale | .016 | .003 | .223 | 5.225 | .000 | .812 | 1.231 |
| D1 | .037 | .016 | .130 | 2.307 | .021 | .471 | 2.125 |
| D2 | .039 | .026 | .069 | 1.479 | .140 | .690 | 1.448 |
| D3 | .017 | .036 | .021 | .491 | .624 | .847 | 1.181 |
| D4 | −.003 | .030 | −.004 | −.088 | .930 | .767 | 1.304 |
| D5 | −.049 | .025 | −.095 | −1.970 | .049 | .636 | 1.571 |

注：a. Dependent Variable：ROE。

分析结果显示，模型中的信息与技术产业虚拟变量（D2）、住宿与餐饮业虚拟变量（D3），房地产业虚拟变量（D4）没有通过显著性检验。外资股权比例、资产负债率、企业规模、制造业虚拟变量（D1）和商务服务业虚拟变量（D5）的相伴概率（Sig）均小于0.05，通过了显著性检验，其中资产负债率和商务服务业虚拟变量的相关系数为负。Toleerance 和 VIF 指标均显示不存在多重共线性问题。

（4）初步模型结果

根据以上分析，可以得出回归方程如下：

$$ROE = -0.098 + 0.039FER + 0.016LnScale - 0.034DAR + 0.037D1$$
$$- 0.049D5 \tag{7.2}$$

（5）异方差检验

根据计量经济学经验，对于采用大样本横截面数据作为分析对象的经济问题。由于在不同样本点上解释变量以外其他因素的差异较大，所以往往存在异方差性。

我们采用残差回归检验法（怀特检验）对于各个解释变量进行回归分析，以探查异方差性的存在，此处用残差 e 的平方来表示随机误差项的方差，作为因变量与回归方程中的解释变量进行回归试算，发现与企业规模变量（LnScale）回归方程的 F 值为 39.409，相伴概率近似等于 0.000，通过显著性检验，说明模型存在异方差性。

## 7.4.7 加权最小二乘法估计结果

如果被检验存在异方差性，则需要使用新的估计方法估计模型，我们采用加权最小二乘法对原模型加权，使之不存在异方差性，然后估计其参数。

我们先使用普通最小二乘法估计以上模型，得到残差 e，作为随机误差项的近似估计值，建立数据序列 $1/|e|$，以 $W_1 = 1/|e|$ 作为权数，选择加权最小二乘法进行估计。得到以下结果：

$$ROE = -0.075 + 0.027FER + 0.014LnScale - 0.028DAR + 0.015D1 - 0.048D5$$
$$(-11.873)\ (5.088)\ \ (16.349)\ \ (-7.777)\ \ (4.956)\ (-10.702)$$
$$(0.000)\ \ \ (0.000)\ \ \ (0.000)\ \ \ (0.000)\ \ \ (0.000)\ \ (0.000)$$

$$(7.3)$$

根据加权最小二乘法估计的模型 F 值为 69.773，相伴概率近似等于 0.000，方程线性关系成立，具有统计学意义。模型的决定系数 $R^2$ 为 0.357，调整的决定系数 $adjR^2$ 为 0.352，拟合水平较普通最小二乘法有较大提高。各个自变量系数均通过了显著性检验。

## 7.4.8 回归结果分析

从回归分析结果知，外资股权比率、资产负债率、企业规模、制造业虚拟变量和商务服务业虚拟变量都在 99% 的置信水平上显著，对于因变量的变化具有相关关系。其中，外资股权比例系数为正（0.027），且通过显著性检验（$P \approx 0.00$），从而证实了我们的假设：外资企业的股权结构中外资比例与企业绩效呈正相关关系。说明在陕外资企业中，外资股权与企业的赢利水平有一定的正相关性，较高的外资股权比例对于企业绩效水平具有促进作用，外资企业的独资倾向与企业效率的提高具有一致性。

上述分析结果还表明，在陕西的外资制造业企业的赢利水平较高于其他行业的外商投资企业。

此外，规模较大的外资企业具有较高的绩效水平，这样的结论与传统的企业绩效经验研究是一致的，说明规模经济效应对于企业的绩效具有较强的正相关作用。

在回归分析结果中，资产负债率和商务服务业虚拟变量对于企业的净资产收益率是负相关关系，指出合资企业负债水平越低，企业赢利能力越强，间接说明在陕外商投资企业的赢利并不是来自财务杠杆的作用，而是与企业竞争能力和资产质量有关。同时也显示，在陕外资商务服务业资产赢利水平比其他行业的外资企业较低。

## 7.4.9 对于在陕大型外资企业的进一步探索研究

根据本书在前面几章的理论分析，具有较强实力的跨国公司一般具有较高的独资倾向，这是由其所有权优势所决定的。因此，本书将进一步对于有较大规模的外资企业进行探索性研究，分析在这些企业中跨国公司的股权和控制权与企业效率之间的关系。

在企业规模的标准上，本书将以企业的注册资本作为衡量标准，①在 633 家外资企业中，选取注册资本在 500 万美元以上（包括 500 万美元）的企业，一共得到 93 家企业。对这些在陕西的较大型外资企业进行用本书设计的模型进行回归分析。

---

① 在企业规模标准的选取上，企业总投资额、企业资产总额也是企业规模的衡量标准，依据我们的理论观点，企业的注册资本表现了合资双方在建立企业时的真实能力，代表了股东的真实投资本意。而投资总额由于受到借入债务的影响，并不能体现企业的真实实力。同样，企业的资产总额由于受到负债以及经营时间的影响，也不在我们的考虑范围内。

### 7.4.9.1 描述性统计

对于在陕 500 万美元以上外资企业进行简单的统计分析，得到以下结果。

表7.8 在陕注册资本在 500 万美元以上外资企业统计分析

Descriptive Statistics

| | N | Minimum | Maximum | Mean | Std. Deviation |
|---|---|---|---|---|---|
| FER | 93 | .04 | 1.00 | .5704 | .29808 |
| DAR | 93 | .00 | 1.37 | .4645 | .28514 |
| LnScale | 93 | 7.34 | 13.58 | 9.7064 | .96134 |
| ROE | 93 | −.5962 | .6815 | .080414 | .1514284 |
| Valid N（listwise） | 93 | | | | |

由表 7.8 可以看到，大型外资企业的资产负债率平均为 46.45%，低于在陕外企的平均水平 50%，而 8% 左右的企业净资产收益率则高于在陕外企的平均水平 4.4%。由此说明在陕西省范围内的较大型外资企业具有较强的生产经营能力和比较好的效益。相反，在较大型企业的外资股权水平却低于全省的平均水平，只有 57%，可能的情况是较大规模的企业在股权变动方面可能受到比中小型企业更多的制约，但是较大型企业的股权结构也普遍处于外资控股状态。

### 7.4.9.2 普通最小二乘法回归结果与检验

根据筛选出的 93 家企业样本，先使用本书设计的模型进行普通最小二乘法回归，采用 SPSS13.0 软件进行计算，得出以下结果：

（1）模型摘要（决定系数与 D－W 检验）

结果见表 7.9。

表 7.9　　模型摘要

Model Summar$^b$y

| Model | R | R Square | Adjusted R Square | Std. Error of the Estimate | Durbin Watson |
|---|---|---|---|---|---|
| 1 | .529$^a$ | .280 | .221 | .1336457 | 1.850 |

注：a. Predictors：(Constant)，D5，D2，D3，DAR，FER，LnScale，D1；

　　b. Dependent Variable：ROE。

从表 7.9 的结果可以看出，显示模型的决定系数 $R^2$ 为 0.28，校正的决定系数 adjR$^2$ 为 0.221。超出了 7.4.6 节用普通最小二乘法所得到结果的拟合情况（adjR$^2$ = 0.061）。说明本书构筑的模型在大型外资企业样本中解释能力得到很大提高。D－W 值也表明残差不存在相关性。

（2）方差分析

表 7.10　　方差分析

ANOVA$^b$

| Model | Sum of Squares | df | Mean Square | F | Sig. |
|---|---|---|---|---|---|
| Regression | .591 | 7 | 0.84 | 4.730 | .000$^a$ |
| Residual | 1.518 | 85 | 0.18 | | |
| Total | 2.110 | 92 | | | |

注：a. Predictors：(Constant)，D5，D2，D3，DAR，FER，LnScale，D1；

　　b. Dependent Variable：ROE。

从表 7.10 的方差分析表中可以得出，F 值为 4.730，相伴概率近似为 0.000，通过 F 检验，说明自变量与因变量之间存在线性回归关系，模型总体解释信息良好。

（3）回归系数显著性检验

结果见表 7.11。

**表 7.11    模型系数与检验结果**

Coefficient[a]s

| Model | Unstandardized Coefficients | | Standardized Coefficients | t | Sig. | Collinearity Statistics | |
|---|---|---|---|---|---|---|---|
| | B | Std. Error | Beta | | | Tolerance | VIF |
| （Constant） | -.598 | .162 | | -3.685 | .000 | | |
| FER | .132 | .050 | .259 | 2.645 | .010 | .882 | 1.134 |
| DAR | -.034 | .054 | -.064 | -.636 | .527 | .829 | 1.206 |
| LnScale | .062 | .017 | .394 | 3.641 | .000 | .723 | 1.383 |
| D1 | .039 | .041 | .114 | .952 | .344 | .586 | 1.705 |
| D2 | -.220 | .156 | -.151 | -1.414 | .161 | .743 | 1.346 |
| D3 | .058 | .072 | .086 | .806 | .422 | .737 | 1.357 |
| D5 | -.186 | .068 | -.303 | -2.723 | .008 | .683 | 1.464 |

注：a. Dependent Variable：ROE。

表 7.11 给出了包括常数项在内的所有系数的检验结果，预设的自变量中，外资比例、企业规模变量和商务服务业虚拟变量通过了 0.01 水平上的显著性检验，其他自变量没有通过检验。在进入模型的自变量中，外资比例、企业规模变量与企业绩效呈正相关关系，商务服务业虚拟变量呈负相关关系。容忍度和膨胀因子显示不存在多重共线性。

（4）普通最小二乘法模型结果

根据以上结果，得出回归方程：

$$ROE = -0.598 + 0.132FER + 0.062LnScale - 0.186D5 \qquad (7.4)$$

### 7.4.9.3 异方差分析与加权最小二乘法模型结果

通过以 $e^2$ 与方程解释变量的各自回归，发现与企业规模（LnScale）变量存在线性相关性，异方差检验的回归模型 F 值为 10.531，相伴概率为 0.002，显示存在线性关系，表明用普通最小二乘法得出的模型结果仍然存在异方差现象。

我们根据模型 7.4 计算出残差 e 数据序列，根据所得残差 e 计算出权数 $W_2 = 1/|e|$，采用加权最小二乘法计算出以下回归模型：

$$ROE = -0.478 + 0.128FER + 0.051LnScale - 0.148D5 \qquad (7.5)$$
$$(-8.771)(5.997) \qquad (8.082) \qquad (-3.777)$$
$$(0.000) \qquad (0.000) \qquad (0.000) \qquad (0.000)$$

模型的 F 值为 140.743，相伴概率近似为 0.000，线性关系显著。模型的决定系数 $R^2$ 为 0.526，校正的决定系数 $adjR^2$ 为 0.520，说明回归模型具有良好的解释能力，具有经济学意义，各个自变量均通过显著性检验。

### 7.4.9.4　回归结果分析

从回归结果来看，外资股权比率、企业规模和商务服务业虚拟变量都在99%以上的置信水平上显著，与企业绩效具有显著的线性相关关系。

从这次加权最小二乘法回归情况来看，外资股权比率在置信水平上和相关程度上与第 7.4.7 节的加权回归结果相比有较大提高（模型拟合水平达到52%；相关系数达到 0.128），显示在陕西省的大型外资企业中，跨国公司的参与程度对于企业绩效的促进作用比中小规模外资企业更显著，这一结论提示我们：与中小规模的外资企业相比，具有较大规模与实力的外资企业会为追求企业效率而更具有独资经营的倾向。

## 7.5　实证研究结论

在本章中，笔者设计了有关企业绩效与外资股权之间的多元回归方程，通过陕西省的外资企业年检财务数据证实了外资股权与企业绩效之间的正向关系。说明外资企业的股权结构在一定程度上影响着企业绩效水平，从而验证了跨国公司的独资倾向对企业效率的促进作用，为跨国公司独资倾向的理论研究提供了第一手的经验资料。虽然区域性的客观数据并不能代表所有跨国公司在华投资企业的情况，但是，由于这一领域实证研究的空白性，使得对于这一方面的任何探索性研究，都能为理论研究提供宝贵的经验，从而能够帮助揭示外国直接投资独资化现象中一定的内在规律。

# 8　外商投资企业独资化倾向的效应和对策

企业的行为对其周围的环境会产生一定的影响，跨国公司的独资倾向所造成的在华外资企业的控股、独资化趋势势必会对于我国的政治与经济产生一定的影响，从客观上讲，我们应认真分析这种倾向可能带来的正面和负面的效应，并对此拿出应对的策略。

## 8.1　外资控股、独资化倾向所带来的积极效应

（1）外资独资控股所带来的增量资金为竞争领域的国有资本退出提供了有效的途径

目前在竞争性行业中，国有资产有数万亿元，实施国有经济战略性改组，有退有进，其中很大部分资产需要变现，国内非国有投资主体尚缺乏投资能力和投资意愿。跨国公司通过增资扩股取代国有产权，国家可以使存量资产变现，从而弥补国有经济战略性重组过程中因为社保资金不足、银行不良债权等所带来的资金缺口。

此外，当前大多数国企面临着资本金严重不足的问题，许多国企是用银行贷款兴建的，形成了大量银行债务。解决这一问题就需要向国企重新注入资本金。显然国家财政是无法独立承担这种巨额投资的，吸引外资通过购并或参股形式进入国企并注入资本金是一项比较可行和值得期待的方案。

（2）外资控股、购并有助于推动国有企业重组和改革的发展

目前，国有企业普遍存在资金短缺、债务过重，经营困难的状况，

外资采取参股、兼并、股权交易等方式，参与国有企业改造，这些做法符合国家引导外资投入的政策，有利于搞活企业。外资控股经营必然促使其更多地投入资金、设备、技术、管理和市场营销等，可以直接盘活原有企业呆滞的资产，转换经营机制，加速建立现代企业制度，引进先进的管理手段，加强技术改造，加快产业结构调整步伐，充分利用跨国公司在融资、技术开发、人员培训、培育市场等方面的优势，提高内部实力和网络优势，提高企业竞争力，使其走上良性发展的轨道。

（3）外资独资控股能够带来先进的技术和管理

跨国公司是国际先进技术和管理的载体，通过控股和独资形式，跨国公司就会有较大的动力将先进的技术和产品注入在我国的下属企业，尽管由于独资和控股形式对我国本土企业设置了知识和技术学习的壁垒，但是由于跨国公司通常采取的本土化经营方式，能够通过人才流动和本地的配套化生产而产生一定的间接技术溢出效应和知识的模仿效应，带动周边企业的发展，从而促进国内企业的技术水平和经营管理水平的提高，推动企业产品结构和产业结构的改进与升级。

（4）跨国公司的独资控股经营，有利于促进国内产业能力的发展

从 20 世纪 90 年代中期开始，中国经济从短缺转向相对过剩、有效需求不足，与此相关的是一些行业生产能力过剩、重复建设严重。跨国公司一般拥有国际市场网络，利用中国市场低廉的劳动力价格，将过剩的生产能力推向国际市场，有利于改善和拓展国内企业的生存空间。

随着我国加入 WTO，国内市场开始与国际市场接轨，并按国际通行的惯例运作，国内企业普遍面临着开辟国际市场的压力。跨国公司在国内设立独资或控股的子公司，带来了通行的国际市场经验以及成熟稳定的营销网络，有助于加强国内市场与国际市场的紧密联系，提升国内企业的国际竞争力。

由于中国市场经济尚处在发育初期，大多数国内企业和地方政府对跨国经营缺乏必要的了解和实践经验，跨国公司在华独资企业的设立使许多国内企业有了直接与跨国公司打交道的机会和经验。跨国公司在当地设立的全属子公司，比合资企业能够更为全面地继承了母公司的经营

理念和企业文化，为国内当地企业提供了有益的示范效应，为我国企业提高竞争力，提供了良好的学习平台。

（5）外资独资、控股有助于提高合资企业的效益

合资企业通过独资、控股可以降低内部交易成本和冲突，改善原有企业的治理结构。此外，跨国公司通过增资扩股实现控股、独资后，原来企业的规模通常明显扩大，跨国公司对技术水平的投入有所提高，企业的财务状况和效率有了明显改善，有助于扭转合资企业存在的普遍亏损状态，对于促进就业和提高财政收入有一定的积极作用。

（6）外资控股、独资化经营会在一定程度上促进市场结构的完善

跨国公司独资化经营的开始就意味着跨国公司在中国的经营战略发生了巨大的变化，表明跨国公司从市场进入阶段开始转变为市场占有阶段，在一些长期为国内企业垄断的行业领域，跨国公司从与市场垄断企业的合作转为竞争，能够加速这些领域市场结构的转变，降低产品价格，提高市场效率，使消费者得到较高的福利和实惠。

跨国公司以独资形式进入市场竞争后，由于它们拥有先进的技术，会迫使当地企业为了在竞争中立足而投资于 R&D，想办法提高要素的使用效率。反过来，当地企业的创新活动增强了竞争力，又会迫使跨国公司带来更先进的技术。在一定程度上提高了东道国资本的边际生产率，并促进经济增长（Wang & Blomstorm，1992）。[①]

## 8.2　外资控股、独资化倾向所带来的负面效应

（1）外资的控股、独资倾向有可能导致垄断，使我国产业经济安全受到威胁

世界上大型的跨国公司拥有雄厚的资金、技术、管理等综合实力，总体讲，中国的大中型企业与它们相比，只能算中小企业，其综合实力

---

① Wang, J. and Blomstrom, M., "Foreign Investment and Technology Transfer: a Simple Model", *European Economic Review*, 1992, 36: pp. 137 –155.

远远不及。跨国公司的"天性"就是凭借其优势追求垄断地位。由于我国目前《反垄断法》刚刚出台，相关方面的法律体系尚不健全，跨国公司持股集中度提高，形成独资、控股，凭借自身资本、技术资源以及规模优势占有市场份额，提高产业集中度，容易形成垄断，对国内一些企业和相关产业的企业产生挤出效应。使许多原本在国内属于比较优秀并具有一定成长性的企业在不平等竞争中无法立足，导致跨国公司在中国市场上获取垄断超额利润，并使一些产业的经济安全受到威胁。

（2）外资的独资控股会造成企业结构失衡和中方投资者利益的损失

跨国公司的独资、控股化行为，造成中方合作者对于合资企业控制权和收益权的丧失或弱化，在合资初期，中方企业由于拥有较大股权，因而承担了较大的风险，并为跨国公司进入中国市场提供了较多的资源帮助。跨国公司在中国市场站稳脚跟后，当合资企业处于发展和赢利的时候，中方企业却被迫放弃其在合资企业的全部或部分利益，使中方企业遭受了不公平的待遇，挫伤国内企业与跨国公司进行合作的积极性，会影响国内企业引进外资的态度。

（3）外资的独资与控股会冲击民族品牌的生存

从企业层面看，在合资企业的独资化过程中，由于国内企业在合资企业中的话语权逐渐减少，对企业经营的控制能力减退，造成属于合资企业的民族品牌不断消亡，逐步被相关的外资品牌所替代。从市场层面，外资商业采用先进的技术、大规模的投入、先进的管理手段和先进的经营理念，在中国市场抢占份额，对中国民族品牌的生存和发展产生了一定的冲击，挤压了国内品牌的生存空间，使国内企业自主研发能力下降，竞争力减弱。

（4）外资独资与控股容易造成国有资产的损失

在早期建立的合资企业中，由于当时国有经济处于绝对主导型的地位，所以大多数合资伙伴都是国有企业，跨国公司为了自身效益的最大化，在独资化进程中势必要压低中方企业资产价值，扩大自身股权份额，由于中国目前的产权交易不规范，资产评估制度不完善，评估方法不科学，缺乏公正客观的国有资产权威评估机构，低估国有资产的现象时有发生。加之国有企业现存的"所有者缺位"和"内部人控制"问题以及中国产权交易没有明确的法律规范，国有产权的重组常表现为不透明状态，缺乏公开竞争，容易造成高价低评，也在不同程度上造成了国有资产的流失。

（5）外资独资化倾向有可能造成国内人才的流失

由于跨国公司拥有独资企业充分的控制权，可以自主决定企业人员的薪酬福利标准，因此独资企业通常能够给予从业人员较高的待遇和较好的人才培养机制，能够吸引大批国内企业和研究机构的骨干，形成国内高级人才向外商独资企业的单向流动，同时，也会使国内企业的发展得不到高素质的人才资源的支持。随着独资企业数量的不断增多，这种现象将会更加严重。此外，国内的研究成果也会有可能随着人才的流失而进入外资企业，使国内企业和科研机构的发展受到威胁。

（6）外资独资化倾向会限制我国企业对于国外先进技术的直接学习

技术优势是跨国公司经营的立身之本，跨国公司进行控股与独资化经营有一个很重要的因素就是保护其专有技术的内容不被泄露。随着外商投资企业独资化趋势的增强，其对于先进技术和知识产权保护的力度也加大了，因此也限制了我国企业通过合资形式直接学习国外先进技术和知识的途径，减少了跨国公司先进技术的直接溢出。

## 8.3 针对外商投资企业独资倾向应采取的对策

应该认识到，外商投资企业的独资化倾向是中国市场环境等外部因素与跨国公司内部因素共同作用的结果，是在现时中国市场条件下，跨国公司战略方针的体现。独资化目前已成为跨国公司在华直接投资的一种趋势，对此简单地进行限制不符合市场经济发展的潮流，是一种短视行为。因此，针对这种趋势和倾向，我们所能够做的就是尽可能的规范和保护市场的健康和有序发展，鼓励竞争、防止各种手段的垄断行为。

在具体措施上，应该做到以下几个方面：

（1）必须加快进行相关法律法规的完善和实施。《反垄断法》的实施不仅有利于对于跨国公司的市场行为进行一定的约束，而且还有利于促进有效竞争下多元化市场结构的建立和资源配置总体效果的改善，为适应目前国际直接投资方式的变化，规范外资企业的市场行为，应围绕刚出台的《反垄断法》尽快制定相关实施细则。目前有关外资参股和并购境内企业的相关法律法规比较零散，有必要对现有的法规政策重新汇总，按照国际惯例出台系统的法律法规，《企业并购法》的制定实施十分必要。这些法律、法规的设立和完善，为规范外资参与市场竞争提供法律支持和制度保障。

（2）建立有效的市场规制机制，防止垄断行为的发生。大型跨国公司在其实现独资、控股化目标后，不可避免会产生市场垄断倾向，从而压抑竞争，降低市场效率，从而导致市场结构的扭曲。同时也会取代我国原有的国有企业垄断，导致我国民族工业和民族品牌受到伤害。因此，我们要注意：①构建市场公平机制，目前由于《反垄断法》刚开始实施，市场规制体系很不完善，市场中存在国有企业和跨国公司交叉垄断的现象，因此，必须尽快围绕《反垄断法》建立市场反垄断机制以促进市场机制的有效发展。②建立迅速和准确的市场反垄断监督监测体系，通过对市场占有率、市场集中度以及进入壁垒程度等指标的评价和监测，决定垄断程度的高低，并依据相应法规予以规制。③利用防御性竞争手段来打破跨国公司垄断。在形成寡占的市场领域，鼓励和刺激多个跨国公司的进入，利用来自不同国家、地区和不同企业的跨国公司为争夺市场的竞争来削弱和打破已独占市场的垄断。④采取一定的产业政策，扶持国内企业的发展，在信息和政策层面支持民族工业，鼓励本国企业的联合和协作，以抗衡大型跨国公司的行业垄断。

（3）进一步改善我国的投资环境。通过建立健全法规的执行体系，提高政府部门的办事效率和服务意识，通过严格和有效的法规执行手段和力度，防止外国投资者的合法权利受到损害，切实保护外国投资者在中国的利益。同时也要规范和完善统一的引资政策体系，以防止各地出于地方利益和地方保护主义而引起的恶性引资竞争，而导致政府公信力的下降。

（4）对于跨国公司的高新技术投入给予一定的优惠待遇和支持。鼓励国内科研机构、企业与跨国公司的合作交流，支持跨国公司在华进行 R&D 投资，允许跨国公司研发机构参与国内研发项目，并享有国内机构同等待遇，促进技术转移。同时加大知识产权的保护力度，加大对于知识产权侵权行为的打击力度，以保护跨国公司在我国的技术投资。

（5）对外商投资企业实行国民待遇。应将对外商投资企业普遍适用国民待遇原则作为我国外资政策调整的目标，最终使外商投资企业享有与国内企业同样的法律地位，拥有同样的权利，承担同样的义务。在具体的政策设计中，对于外资企业超国民待遇中的相关政策，逐步与国内企业待遇并轨。对于低于国民待遇中的经营权限制、股权限制、审批手续等方面，逐步放开，最终实现内外资企业的公平竞争。

（6）在全国范围内建立统一有效的国有产权交易体系和监管体系，完善国有产权交易制度，建立科学完善和统一的国有资产评估制度，防止在外资独资化进程中企业国有资产的流失。

（7）采取一定的产业政策，扶持国内企业的发展，大力支持民族品牌的发展和壮大，在信息和政策层面支持民族工业，引导本国产业走自主研发的道路，鼓励企业的联合和协作，以抗衡大型跨国公司的行业垄断。

# 9 结论及进一步研究的问题

## 9.1 结论

交易成本理论用于解决市场交易机会主义的办法是将交易内部化，但是却无法合理解释国际合资企业独资化倾向的现象，因为交易成本理论的隐含前提是一体化的企业内部是不存在不确定性的，因此，如果把合资企业看做是完全性质的企业，就无法给出合资企业内部交易成本高于独资企业的合理解释，所以，交易成本理论和内部化理论把国际合资企业解释为一个介于企业和市场之间的中间体（战略联盟），但是这又否定了国际合资企业作为企业的现实特征，产生了理论解释上的悖论，因此从交易成本理论来解释在华外商投资企业的独资倾向是有一定缺陷的，本书从控制权的视角，采取不完全契约理论的分析方法，研究在华国际合资企业，把不确定性引入了企业内部，认为不确定性存在于企业契约各方的行为中，即机会主义。我们把合资企业看做是不完全契约的联结，跨国公司与东道国企业由于以文化、理念、目标上的不一致，存在着利益上的冲突和控制权的争夺，使得合资企业内部的交易成本显著高于独资企业，这是跨国公司倾向于选择独资经营的主要原因。

根据专用投资和产出的特征，控制权是以企业的产权为基础的，也就是说，企业的所有权结构决定了企业控制权的事先分配，因此在签订合资企业的契约过程中，对于股权的争夺成为谈判的焦点。由于掌握多数股权就可以确保对于人事、经营、决策等日常经营管理的控制权，因此，合资企业的契约除了规定企业正常的经营发展问题外，最重要的就是合资企业的所有权结构问题，契约的任意一方拥有了控股权，就拥有了掌握未来合资企业实际控制权的先决条件，而跨国公司由于拥有自身专用性投资所生成的企业关键性资源的进入优势，通过契约事后对于合资企业关键性资源的控制，能够得到超出其股权的控制权，这是跨国公司所有权优势在合资企业控制权上的体现。

基于内生和动态的观点，控制权体现在对于企业经营、决策给予影响的能力，对于企业的发展具有决定性的作用。在国际直接投资经营中，跨国公司可以通过其控制权协调各项行动，实施战略、调整战略以及解决契约双方为追求各自利益而产生的矛盾和冲突。跨国公司可以运用控制权来获得下属企业中更大份额的利润。因此，控制权是跨国公司实现其战略目标的一个途径。

本着避免内部冲突和降低交易成本的目的，跨国公司肯定希望能够进行有效的控制。但是控制权的获得往往需要很高的成本，首先，控制权需要资源的投入，包括高昂的间接费用，这样就反过来产生了转移费用，降低了企业转换制度安排的能力，资源的投入同时也增加了控制权所有者暴露在外的风险。其次，为了进行控制，进入者必须承担在国外环境中不确定决策的责任，也就是说，控制权的增加也促进了跨国企业投资风险的增加。在我们看来，高控制权进入模式会提高所有者的收益，但同时也意味着风险的增加。低控制权的进入模式使资源投入最小化，但也放弃了一些回报。因此，跨国企业会在风险与收益之间调整其进入模式的控制权水平。

本书力图建立一个不完全契约的两阶段分析理论模型，在这个理论模型的分析框架内，在事前阶段的跨国公司对于股权结构的进入模式的选择上，受到了东道国因素和市场环境的约束，进入的所有权模式是自身实力和风险均衡选择的结果。在事后阶段，笔者构筑了控制权的再谈判过程，认为合资企业的股权结构变化是契约外部环境条件改变的前提下，跨国公司与东道国企业实力均衡的改变造成的，是市场资源自然配置的结果，能够促进合资企业效率的提高。

基于以上的分析框架，我们认为跨国公司在华投资独资化趋势可以分为两个部分，一部分是当前跨国公司在进入中国市场时对于独资、控股模式的选择；另一部分则是跨国公司原有在华合资企业逐渐向独资、控股化转变的趋势。

在改革开放初期，中国的市场机制不健全、政策不透明、法律法规也不完善、当地的市场游戏规则与国际通用的规则不适应。外国投资面临着很大的经营风险与不确定性。同时，国内许多产业领域没有对外完全放开，国家对于外资股权的限制还很严格。在这种情况下，跨国公司在华直接投资一般会选择合资经营，在符合中国政策要求的前提下，获得国内市场的进入权和经营权，并利用当地企业在中国市场的特定优势，降低企业经营的外部风险。

随着我国的投资环境不断改善，政策更加透明，法律法规的不断完善以及市场游戏规则日益与国际规则接轨，经过十几年的合资合作，跨国公司逐渐了解并熟悉了中国法规、市场，合作者的特定优势也逐渐消失，而合资企业内部中外母公司之间的冲突和矛盾会逐渐凸显，企业内部的交易成本会很高。当合资经营所得到的企业外部收益抵不上独资经营所节约的企业内部交易成本时，独资经营的优势，使得跨国公司在华投资模式趋于由合资转为独资。随着我国对外商投资股权比例和投资领域管制的放松以及我国加入WTO的影响，原来的合资企业会倾向于独资或控股经营。同时跨国公司在中国新建立企业时也会倾向于选择独资企业以更好地配合自身全球战略的需要。

根据本书的观点，跨国公司进行对外直接投资一个重要原因就是其拥有核心资源的优势，体现在资本优势、技术优势、规模优势、市场优势以及管理优势等几个方面。在形成合资企业的关键资产的过程中，如果跨国公司放弃了对于关键资源的控制实际上就会使自己暴露在合资伙伴的机会主义行为威胁之下，如果通过限制合作伙伴对于自身带来的关键性资源的进入，而保持对这些资源的控制权，就会使跨国公司谈判能力由于合资企业对于这些资源的依赖性而得以提高，从而提高跨国公司对于合资企业的实际控制权。由于在已有合资企业中，跨国公司实际上凭借其对于关键性资源的控制而获得了超出所有权控制水平的企业实际控制权，因而在合资企业独资、控股化的进程中，跨国公司是占据了主动权的。这样使跨国公司的独资进程存在比较少的障碍。因此促进了独资、控股化趋势的形成。

企业最重要的活动是进行有效率的生产，而企业最根本的目标是对于效益的追求，跨国公司在华建立下属企业，除了出于战略层面的目标外，最主要的是对于利润的获取，那么，跨国公司追求控股与独资的企业组织形式是否会给它们带来效益上的提高，这是我们所要必须研究的。本书通过陕西省外商投资企业中的独资、合资以及股份制企业的大样本财务数据分析研究了独资化倾向对于企业绩效的影响，揭示了它们之间内在的联系，填补了相关实证研究的不足，为这一领域的理论研究提供了经验支持。

通过对于独资化趋势现象的分析，我们可以认识到跨国公司独资倾向是对于企业自身效率的追求，在这里，企业的效率体现在以下三个方面：一是企业对于环境约束的适应性，二是企业整体战略的实现，三是企业绩效的提高。从合资到独资经营的倾向性转变显示了跨国公司在这三个方面的需求。在改革开放初期，跨国公司的独资倾向被环境和风险因素所约束，跨国公司在中国市场较多以合资形式出现，体现了跨国公司对于环境的适应性，在市场环境条件逐步改善和企业面临风险逐渐减小的条件下，跨国公司为了追求其全球战略目标以及为了提高企业效益，其独资倾向开始显露，逐步形成了 20 世纪 90 年代后期开始的在华外商投资企业的独资、控股化趋势。

## 9.2 本书的不足和需要进一步研究的问题

本书在契约理论的分析框架下，从企业的契约关系、企业的控制权和企业的效率等方面对于在华外商投资企业出现的独资化现象进行了解释，这个解释有别于我国理论界现有的相关研究成果，具有一定程度的创新性，但受到笔者研究水平的限制，以及资料收集和研究时间的约束，本书必然存在诸多的缺陷和不足，但这些缺陷和不足也构成了笔者下一步努力的方向。

（1）本书致力于构造一个新兴市场条件下跨国公司行为的理论分析框架，其主要是针对在中国特定条件下外资企业独资倾向的研究。在理论研究方面的不足之处和需要进一步研究的方面在于：设计和构造一个相应的数学模型进行数学推演，用数学语言来更严格地阐述、更精练地表达本书的观点和理论，分析各个经济因素之间的相互依存关系，使对于外资独资倾向的理论研究在逻辑上更为严密。

（2）在实证研究方面，本书使用了陕西省的区域性样本数据来分析跨国公司在华企业的独资倾向与企业效率之间的关系，其对于全国范围的外商投资企业独资倾向的实证能力还显不足，需要进一步的加强全国性数据的搜集，以提高实证研究的全面性和说服力。此外，还需要进一步完善计量手段，以提高实证能力和实证水平。

# 参考文献

## 一、中文部分

1. ［比利时］热若尔·罗兰著，张帆、潘左红译：《转型与经济学》，北京大学出版社 2002 年版。

2. ［冰岛］思拉恩·艾格特森著，吴经邦等译：《经济行为与制度》，商务印书馆 2004 年版。

3. ［法］拉丰、马赫蒂摩著，陈志俊等译：《激励理论》（第一卷）《委托—代理模型》，中国人民大学出版社 2002 年版。

4. ［法］吉恩·泰勒尔著，张维迎总校译：《产业组织理论》，中国人民大学出版社 1997 年版。

5. ［加］包铭心著，［中］陈小悦主编，范辉政等译：《有关资金、技术实物的跨国境移动》，机械工业出版社 2002 年版。

6. ［美］肯尼思·阿罗著，何宝玉等译：《信息经济学》，北京经济学院出版社 1989 年版。

7. ［美］沙伦·奥斯特著，张志奇等译：《现代竞争分析》（第三版），中国人民大学出版社 2004 年版。

8. ［美］Y. 巴泽尔著，费方域、段毅才译：《产权的经济分析》上海三联书店、上海人民出版社 1997 年版。

9. ［美］保罗·萨缪尔森、威廉·诺德谊斯著，萧琛等译：《微观经济学》，华夏出版社 1999 年版。

10. ［美］H. 范里安著，费方域等译：《微观经济学：现代观点》，上海三联书店 1994 年版。

11. ［美］H. 范里安著，周洪、李勇译：《微观经济学高级教程》（第三版），经济科学出版社 1997 年版。

12. ［美］高山晟著，魏权龄、成世学译：《经济学中的分析方法》，中国人民大学出版社 2001 年版。

13. ［美］威廉·H. 格林著，王明舰等译：《经济计量分析》，中国社会科学出版社 1998 年版。

14. ［美］古扎拉蒂著，林少宫译：《计量经济学》（第三版）中国人民大学出版社 2000 年版。

15. ［美］哈罗德·德姆塞茨著，段毅才等译：《所有权、控制与企业——论经济活动的组织》，经济科学出版社 1999 年版。

16. ［美］哈特、斯蒂格利茨等著，［瑞］沃因、韦坎德编，李凤圣主译：《契约经济学》，经济科学出版社 1999 年版。

17. ［美］O. 哈特著，费方域译：《企业、合同与财务结构》，上海三联书店、上海人民出版社 1998 年版。

18. ［美］康芒斯著，于树生译：《制度经济学》，商务印书馆 1997 年版。

19. ［美］科斯、诺思、威廉姆森等著，刘刚等译：《制度、契约与组织——从新制度经济学角度的透视》，经济科学出版社 2003 年版。

20. ［美］科斯等著，陈郁等译：《财产权利与制度变迁——产权学派与新制度经济学派译文集》，上海三联书店、上海人民出版社 1994 年版。

21. ［美］约翰·克劳奈维根编，朱舟、黄瑞虹译：《交易成本经济学及超越》，上海财经大学出版社 2002 年版。

22. ［美］斯科特·E. 马斯滕主编，陈海威、李强译：《契约和组织案例研究》，中国人民大学出版社 2005 年版。

23. ［美］诺思、张五常等著，阿尔斯通等编，罗仲伟译：《制度变革的经济研究》，经济科学出版社 2003 年版。

24. ［美］道格拉斯·C. 诺思著，刘守英译：《制度、制度变迁与经济绩效》，上海三联书店 1994 年版。

25. ［美］道格拉斯·C. 诺思，陈郁等译：《经济史中的结构与变迁》，上海三联书店、上海人民出版社 1991 年版。

26. ［美］普特曼、克罗茨纳编，孙经纬译：《企业的经济性质》，上海财经大学出版社 2000 年版。

27. ［美］小艾尔弗雷德·D. 钱德勒著，重武、王铁生校译：《看得见的手——美国企业的管理革命》，商务印书馆 1997 年版。

28. ［美］安德烈·施莱弗、罗伯特·维什尼编著，赵红军译：《掠夺之手——政府病及其治疗》，中信出版社 2004 年版。

29. ［美］阿兰·斯密德著，刘璨、吴水荣译：《制度与行为经济学》，中国人民大学出版社 2004 年版。

30. ［美］丹尼尔·F. 斯普尔伯著，张军译：《市场的微观结构——中间层组织与厂商理论》，中国人民大学出版社 2002 年版。

31. ［美］奥利弗·E. 威廉姆森著，王健等译：《治理机制》，中国社会科学出版社 2001 年版。

32. ［美］奥利弗·E. 威廉姆森著，段毅才、王伟译：《资本主义经济制度——论企业签约与市场签约》，商务印书馆 2002 年版。

33. ［美］奥利弗·E. 威廉姆森著，张群群、黄涛译：《反托拉斯经济学——兼并、协约和策略行为》，经济科学出版社 1999 年版。

34. ［美］弗雷德·威斯通等著，李秉祥等译：《接管、重组与公司治理》（第二版），东北财经大学出版社 2000 年版。

35. ［美］J. M. 伍德里奇著，费剑平、林相森译：《计量经济学导论：现代观点》，中国人民大学出版社 2003 年版。

36. ［美］约瑟夫·熊彼特著，何畏等译：《经济发展理论》，商务印书馆 1990 年版。

37. ［美］约翰·伊特维尔等编：《新帕尔格雷夫经济学大辞典》（第一卷至第四卷），经济科学出版社 1999 年版。

38. ［日］青木昌彦著，周黎安译：《比较制度分析》，上海远东出版社 2001 年版。

39.［英］谢拉·C. 道著，杨培雷译：《经济学方法论》，上海财经大学出版社 2005 年版。

40. 陈杰、乌妮娜：《跨国公司在华技术扩散的效应分析》，载《亚太经济》1999 年第 1 期。

41. 陈郁主编：《所有权、控制权与激励——代理经济学文选》，上海三联书店、上海人民出版社 1998 年版。

42. 楚永生：西北大学博士论文《跨国公司在华投资"控股"、"独资化"趋势研究》（2005）。

43. 段文斌等编著：《制度经济学——制度主义与经济分析》，南开大学出版社 2003 年版。

44. 范黎伯、王林生著：《跨国经营理论与战略》，对外经济贸易大学出版社 2003 年版。

45. 何智蕴、姚利民著：《大型跨国公司在华投资结构研究》，科学出版社 2005 年版。

46. 何自力编著：《比较制度经济学》，南开大学出版社 2003 年版。

47. 胡泓：《中外合资企业外商增资扩股的综合分析与对策》，载《河南师范大学学报》（哲学社会科学版）2001 年第 4 期。

48. 江小涓、冯远：《合意性、一致性与政策作用空间：外商投资高新技术企业的行为分析》，载《管理世界》2000 年第 3 期。

49. 江小涓著：《中国的外资经济——对经济增长、结构升级和竞争力的贡献》，中国人民大学出版社 2002 年版。

50. 蒋殿春著：《跨国公司与市场结构》，商务印书馆 1998 年版。

51. 朗咸平著，易宪荣等译校：《公司治理》，社会科学文献出版社 2004 年版。

52. 李维安、李宝权：《跨国公司在华独资倾向成因分析：基于股权结构战略的视角》，载《管理世界》2003 年第 1 期。

53. 李维安、吴先明：《中外合资企业母公司主导型公司治理模式探析》，载《世界经济与政治》2002 年第 5 期。

54. 李子奈著：《计量经济学》，高等教育出版社 2000 年版。

55. 李自杰著：《所有权、控制能力与企业的权威性质》，中国财政经济出版 2004 年版。

56. 刘海云著：《跨国公司经营优势变迁》，中国发展出版社 2001 年版。

57. 卢进勇、杜奇华编著：《国际经济合作理论与实务》，中国时代经济出版社 2004 年版。

58. 卢现祥编著：《西方新制度经济学》，中国发展出版社 1996 年版。

59. 毛蕴诗、李敏、袁静著：《跨国公司在华经营策略》，中国财政经济出版社 2005 年版。

60. 毛蕴诗著：《跨国公司在华投资策略》，中国财政经济出版社 2005 年版。

61. 聂辉华：《新制度经济学中不完全契约理论的分歧与融合》，载《中国人民大学学报》2005 年第 1 期。

62. 逄增辉：《国际直接投资理论的发展与演变》，载《经济评论》2004 年第 1 期。

63. 裴长洪著：《利用外资与产业竞争力》，社会科学文献出版社 1998 年版。

64. 邱立成、于李娜：《跨国公司进入中国市场模式及影响因素分析》，载《南开经济研究》2003 年第 4 期。

65. 上海财经大学投资研究所：《2005 中国投资发展报告——中国投资环境评价》，上海财经大学出版社 2005 年版。

66. 孙永祥著：《公司治理机构：理论与实证研究》，上海三联书店 2002 年版。

67. 王洛林、江小涓等：《大型跨国公司投资对中国产业结构、技术进步和经济国际化的影响》，载《中国工业经济》2000 年第 4 期。

68. 王涛、赵守国：《国企重组吸引境外战略投资者的效应分析》，载人大复印资料《体制改革》2005 年第 6 期。

69. 王涛、赵守国：《公司治理结构的理论基础：完全契约和不完全契约的比较分析》，载《西安电子科技大学学报》（社会科学版）2005 年第 2 期。

70. 王涛、赵守国：《董事会制度：成因、作用及启示》，载《西北工业大学学报》（社会科学版）2005 年第 2 期。

71. 王涛：《跨国公司与东道国政府的关系——讨价还价、控制与合作》，载《理论导刊》2007 年第 10 期。

72. 王涛：《跨国公司在华直接投资的效应与动因——基于产业组织的分析》，载《生产力研究》2007 年第 18 期。

73. 韦伟、周耀东著：《现代企业理论和产业组织理论》，人民出版社 2003 年版。

74. 吴文武著：《跨国公司新论》，北京大学出版社 2000 年版。

75. 吴先明著：《跨国公司治理》，商务印书馆 2005 年版。

76. 薛澜、陈群红、王书贵：《全球化战略下跨国公司在华研发投资布局——基于跨国公司在华独立研发机构行业分布差异的实证分析》，载《管理世界》2002 年第 3 期。

77. 亚洲开发银行：《亚洲开发银行报告——西部地区利用外资研究》，2003 年版。

78. 杨其静著：《企业家的企业理论》，中国人民大学出版社 2005 年版。

79. 杨其静：《契约与企业理论前沿综述》，载《经济研究》2002 年第 1 期。

80. 杨瑞龙、杨其静：《专用性，专有性与企业制度》，载《经济研究》2001 年第 3 期。

81. 杨宇光编著：《经济全球化中的跨国公司》，上海远东出版社 1999 年版。

82. 杨忠：《跨国公司及其子公司治理结构分析》，载《南京大学学报》2004 年第 4 期。

83. 杨忠：《跨国公司控制合资企业的股权控制方式研究》，载《南京大学学报》（社科版）2001 年第 5 期。

84. 杨忠著：《跨国公司控制合资企业机制研究》，江苏人民出版社2002年版。

85. 张诚、吕世生：《跨国公司在华技术策略及其影响》，载《国际经济合作》2003年第9期。

86. 张继康著：《跨国公司与直接投资》，复旦大学出版社2005年版。

87. 张维迎著：《博弈论与信息经济学》，上海三联书店、上海人民出版社1996年版。

88. 张维迎著：《企业的企业家——契约理论》，上海三联书店、上海人民出版1995年版。

89. 张五常著：《经济解释》，商务印书馆2000年版。

90. 张向阳、丁荣余、朱有为：《跨国公司进入中国股权选择行为演变的三层次分析》，载《江海学刊》2005年第1期。

91. 赵晋平著：《利用外资与中国经济增长》，人民出版社2001年版。

92. 赵守国著：《企业产权制度研究》，西北大学出版社1999年版。

93. 赵增耀：《外商在华投资独资化趋势的演化机理及应对策略》，载《世界经济与政治》2004年第4期。

94. 周其仁著：《产权与制度变迁》，社会科学文献出版社2002年版。

95. 朱华桂：《跨国公司在华子公司技术溢出效应实证研究》，载《科研管理》2003年第3期。

96. 朱羿锟著：《公司控制权配置论——制度与效率分析》，经济管理出版社2001年版。

## 二、英文部分

1. Aghion, P. & Bolton, P., "Incomplete Social Contracts", *Journal of the European Economic Association*, 2003,1(1).

2. Aghion, P. & Bolton, P., "An Incomplete Contracts Approach to Financial Contracting", *Review of Economic Studies*, 59,1992.

3. Aghion, P. & Tirole, J., "The Management of Innovation", *Quarterly Journal of Economics*, 1994, Vol. 109.

4. Aghion, P. & Tirole, J., "Formal and Real Authority in Organization", *Journal of Political Economy*, 1997,105.

5. Aghion, P. Dewatripont, M. & Ray, P., "Renegotiation Design with Unverifiable Information", *Econometrica*, 1994, Vol. 62.

6. Aghion, P. Dewatripont, M. & Rey, P., "Transferable Control", *Journal of the European Economic Association*, 2004. 2(1).

7. Alchian, Arman and Demsetz, Harold, "Production, Information Cost and Economic Organization", *The American Economic Review*, 1972, Vol. 62.

8. Anand, B. N., Khanna T., "Do Firms Learn to Create Value? The Case of Alliances", *Strategic Management Journal*, 2000,21.

9. Anderson, Erin and Gatignon, Hubert, "Modes of Foreign Entry: A Transaction Cost Analysis and Propositions", *Journal of International Business Studies*, 1986,17.

10. Anderson, Erin and Weitz, Barton A., "Make – or – Buy Decisions: Vertical Integration and Marketing Productivity", *Sloan Management Review*, 1986,27.

11. Barkema H. G., Bell J. H., Pennings J. M., "Foreign Entry, Cultural Barriers, and Learning", *Strategic Management Journal*, 1996,17.

12. Barkema, H. G., Shenkar O., Vermeulen, F. &Bell, J., "Working abroad Working with Others: How Firms Learn to Operate International Joint

Ventures", *Academy of Management Journal*, 1997, 17.

13. Beamish, P., "Joint Venture Performance in Developing Countries", Unpublished Doctoral Dissertation, University of Western Ontario, 1984.

14. Behrman, J., *National Interest and the Multinational Enterprise*, New York: Prentice Hall, 1970.

15. Boddyn, Jean. J., "Political Aspects of MNE Theory", *Journal of International Business Studies*, 1988, 19(3).

16. Brooke, Michael Z., *International Management: A Review of Strategies and Operations*, London: Hutchinson, 1986.

17. Brousseau, E. & Glachant, J. M., *The Economics of Contracts: Theories and Applications*, New York: Cambridge University Press, 2002.

18. Brouthers, Keith D., "Institutional Culture and Transaction Cost Influences on Entry Mode Choice and Performance", *Journal of International Business Studies*, 2002: 33 (2).

19. Buckley, P. and M., Casson, *The Future of the Multinational Enterprises*, London: Macmillan, 1976.

20. Buckly, P. & Casson, M., *The Future of the Multinational Enterprise*, New York: Homes and Meier, 1976.

21. Caves, R. E., *Multinational Enterprise and Economic Analysis*, Cambridge: Cambridge University Press (second edition), 1996.

22. Caves, R. E., "International Corporation: The Industrial Economics of Foreign Investment", *Economics*, 1971, 38(February).

23. Charles P. Kindleberger, *Economic Development*, Second edition, New York: McGraw - Hill, 1965.

24. Chung, T. Y., "Incomplete Contracts, Specific Investment and Risk Sharing", *Review of Economic Studies*, 1991, Vol. 58.

25. Copithorne, L. W., "International Corporate Transfer Prices and Government Policy", *Canadian Journal of Economics*, 1971, 4.

26. David Uhlir, "Internationalization and Institutional and Regional

Change: Restructuring Post – communist Networks in the Region of Lansk-roun, Czech Republic", *Regional Studies*, 1998, 32(7).

27. Delios, A. &Beamish, P. W., "Ownership Strategy of Japanese Firms: Transactional, Institutional and Experience Influences ", *Strategic Management Journal*, 1999, 20(10).

28. Dunning, J. H., "An Overview of Relations with National Governments", *New Political Economy*, 1998, 3(2).

29. Dunning, J. H. Trade, "Location of Economic Activity and the Multinational Enterprise: A Search for an Eclectic Approach", First Published in B. Ohlin Per Ove Hesselborn and Per Magnus Wijkman ed., *The International Allocation of Economic Activity, London* : Macmillan 1976.

30. Dunning, J. H., *International Production and the Multinational Enterprises*, Allen & Unwin, 1981.

31. Dunning, J. H., *Explaining International Production, London*: *Unwin Hyman*, 1988.

32. Penrose, E., *The Large International Firm in Developing Countries: The International Petroleum Industry*, London: Allen and Unwin, 1968.

33. Edlin, A. & Reichelstein, S., "Hold – ups, Standard Breach Remedies, and Optimal Investment", *American Economic Review*, 1996, Vol. 86.

34. Encarnation, Dennis J. & Louis T. Wells, Jr., "Sovereignty Engarde: Negotiating with Foreign Investors", *International Organization*, 1985 (Winter).

35. Erramilli, M. K. and C. P. Rao, "Service Firm's International Entry – Mode Choice: A Modified Transaction – Cost Analysis Approach", *Journal of Global Marketing*, 1993, 57.

36. F. M. Scherer, *Economics of Multi – plant Operation*, Harvard Press, 1975.

37. Fagre, N. & Wells, L. T., "Bargaining Power of Multinationals and Host Governments", *Journal of International Business Studies*, 1982, Fall.

38. Fagre, N. & Wells, L. T., "Bargaining Power of Multinationals and Host Governments", *Journal of International Business Studies*, 1982, Fall.

39. Fama, Eugene, "Agency Problem and the Theory of the Firm", *Journal of Political Economy*", 1980, Vol. 88.

40. Foss, N. J., "The Theory of the Firm: an Introduction to themes and Contributions", *Copenhagen Business School Working Paper*, 1988.

41. Friedman, W. G. & Beguin, J. P., *Joint International Business Ventures in Developing Countries*, New York: Columbia University Press, 1971.

42. Gatignon, H. & E. Anderson, "The Multinational Corporation's Degree of Control over Foreign Subsidiaries: An Empirical Test of a Transaction Cost Explanation", Cambridge: Marketing Science Institute, 1987.

43. Geringer, J., M. & Hebert, L., "Control and Performance of International Joint Ventures", *Journal of International Business Studies*, 1989, 20 (2).

44. Glaister, K. W . & Buckley, P. J., "Strategic Motives for International Alliance Formation", *Journal of Management studies*, 1996. 33.

45. Gomes – Casseres, B., "Ownership Structures of Foreign Subsidiaries: Theory and Evidence", *Journal Economic Behaviour and Organization*, 1989, 11.

46. Grosse, R. & Behrman, J. N., "Theory in International Business", *Transactional Corporations*, 1992, 1(1).

47. Grossman, S. & Hart, O., "The Costs and Benefits of Ownership: A Theory of Vertical and Lateral Integration", *Journal of Political Economy*, 1986, Vol. 94.

48. Hamel, G., "Competition for Competence and Inter – partner Learning within International Strategic Alliances", *Strategic Management Journal*, 1991, Vol. 12.

49. Hart, O., "An Economist's Perspective on the Theory of the Firm",

*Columbia Law Review*, 1989, Vol. 89.

50. Hart, O. & Moore, J., "Incomplete Contracts and Renegotiation", *Econometrica*, 1988, Vol. 56.

51. Hart, O. & Moore, J., "Foundations of Incomplete Contracts", *Review of Economic Studies*, 1999, Vol. 66.

52. Hart, O. & Moore, J., "Agreeing Now to Agree Later: Contracts that Rule out but do not Rule in", *Hart's Web Page Working Paper*, 2004.

53. Hart, O. & Moore, J., "On the Design of Hierarchies: Coordination Versus Specialization", *Journal of Political Economy*, 2005, Vol. 113(4).

54. Hart, O. & Moore, J., "Property Rights and the Nature of the Firm", *Journal of Political Economy*, 1990, Vol. 98.

55. Hart, O., "Corporate Governance: Some Theory and Implications", *The Economic Journal*, 1995, Vol. 105.

56. Hart, O., "Incomplete Contracts and the Theory of the Firm", *Journal of Law, Economics and Orgaization*, 1988, Vol. 4, No. 1.

57. Hayek, F. A., "Economics and Knowledge", *in Individualism and Economic Order*, London and Henley: Routledge and Kegan Paul, 1948.

58. Hennart, J., "The Transaction Costs Theory of the Multinational Enterprise", In Pitelis, C. N., Sugden, R. (Eds.), *The Nature of the Transnational Firm*, Routledge, New York, NY, 1991.

59. Hill Charles W. L., Peter Hwang and Kim W. Chan, "An Eclectic Theory of the Choice of International Entry Mode", *Strategic Management Journal*, 1990, 11.

60. Hitt M. A, Dacin M. T., Levitas E., Arregle J-L, Borza A., "Partner Selection in Emerging and Developed Market Contexts: Resource-based and Organizational Learning Perspectives", *Academy of Management Journal*, 2000, 43.

61. Hymer, S., "The Multinational Corporation and the Law Uneven Development", in Bhagwati, J. (ed.), *Economics and New World Order*, World

Law Fund, New York, 1971.

62. Hymer, S., *International Operation of National Firms: A Study of Direct Foreign Investment*, MIT Press, 1976.

63. Janger, A. R., *Organization of International Joint Venture*, New York: Conference Board, 1980.

64. Jensen, M. & Meckling, W., "Theory of the Firm: Managerial Behavior, Agency Cost and Ownership Structure", *The Journal of Financial Economics*, 1976, (3).

65. Johanson, J. and Paul F. Wiedersheim, "The Internalization of the Firm: Four Swedish Cases", *Journal of Management Studies*, 1975, 12 (3).

66. Joseph M. Grieco, "Between Dependency and Autonomy: India's Experience with the International Computer Industry", *International Organization*, 1982, 36(Summer).

67. Kale P., Singh H., Perlmutter H., "Learning and Protection of Proprietary Assets in Strategic Alliances: Building Relational Capital", *Strategic Management Journal*, 2000, 21(Special Issue).

68. Killing, J., *Strategies for Joint Venture Successs*, New York: Praeger, 1983.

69. Kindleberger, Charles P., "Monopolistic Theory of Direct Foreign Investment", in George Modelski ed., *Transnational Corporation and World Orders: Readings in International Political Economy*, 1975.

70. Klein, B. Crawford, R. & Alchian, "A Vertical Integration, Appropriable Rents, and the Competitive Contracting Process", *Journal Law and Economics*, Oct. 1978, 21.

71. Knickerbocker, F. T., *Oligopolistic Reaction and the Multinational Enterprise*, Harvard University Press, Cambridge M. A., 1973.

72. Knight, F. H., *Risk, Uncertain and Profit*, Boston: Houghton Mifflin, 1921.

73. Kobrin, Stephen J, Expropriation as an Attempt to Control Foreign

Firms in LDCs: Trends from 1960 - 1979, *International Studies Quarterly*, 1984,28(3).

74. Kogut, B., "Joint Ventures: Theoretical and Empirical Perspectives", *Strategic Manage*, 1988, Vol. 9.

75. Kogut, Bruce & Udo Zander, "Knowledge of the Firm, Combinative Capabilities, and the Replication of Technology", *Organization Science*, 1992,3.

76. Kojima, Kiyoshi, "Macroeconomic Versus International Business Approach to Foreign Direct Investment", *Hitosubashi Journal of Economics*, 1982,23.

77. Kojima, Kiyoshi, "Japanese and American Direct Investment in Asia: A Comparative Analysis", *Hitosubashi Journal of Economics*, 1985,26.

78. Kojima, Kiyoshi, *Direct Foreign Investment: A Japanese Model of Multinational Business Operation*, London: Croom Helm, 1978.

79. Korbin, S. J., "Testing the Bargaining Hypothesis in the Manufacture Sector in Developing Countries, *International Organization*, 1987,41(4).

80. Kumar, V. and Velavan Subramaniam, "A Contingency Framework for the Mode of Entry Decision", *Journal of World Business*, 32 (1),1997.

81. Lecraw, D. J., "Bargaining Power, Ownership and Profitability of Transnational Corporations in Developing Countries", *Journal of International Business Studies*, 1984,15(2).

82. Lu, Jane W., "Intra - and Inter - Organizational Imitative Behavior: Institutional Influences on Japanese Firm's Entry Mode Choice", *Journal of International Business Studies*, 2002,33 (1).

83. Luo, Y., "Toward a Cooperative View of MNC - Host Government Relations: Building Blocks and Performance Implications", *Journal of International Business Studies*, 2001,32(3).

84. Macdougall, G. D. A., "The Benefits and Costs of Private Investment from Abroad: A Theoretical Approach", *Econ Record*,36 (March),1960.

85. Madhok, Anoop, "The Nature of Multinational Firm Boundaries: Transaction Costs, Firm Capabilities and Foreign Market Entry Mode", *International Business Review*, 1998, 7.

86. Matouschek, Niko, "Ex Post Inefficiencies in a Property Rights Theory of the Firm", *Journal of Law, Economics and Organization*, 2004, 20(1).

87. McConnell, J. and Servaes, H., "Additional Evidence on Equity Ownership and Corporate Value", *Journal of Financial Economics*, 1990, 27.

88. Meyer Klaus E., "Institutions, Transaction Costs, and Entry Mode Choice in Eastern Europe", *Working Paper No. 34, CEES*, 2000.

89. Mock, E., Shleifer, A. and Vishny, R., "Management Ownership and Market Valuation", *Journal of Financial Economics*, 1988, Vol. 20.

90. Mskin, E. & Moore, J., "Implementation and Renegotitation", *Review of Economic Studies*, 1999, Vol. 66.

91. Nakamura, M., Yeung, B., "On the Determinants of Foreign Ownership Shares: Evidence from U. S. Firm's Joint Ventures in Japan", *Managerial and Decision Econ*, 1994: 15.

92. Pan, Yi Gang, Li Shao Ming and D. K. Tse, "The Impact of Order and Mode of Market Entry on Profitability and Market Share", *Journal of International Business Studies*, 30 (1), 1999.

93. Park, B. & Lee, K., "Comparative Analysis of Foreign Direct Investment in China: The Korean, the Hong Kong, and the United States Firms in the Shandong Province", Seoul National University: *Institute of Economic Research Working Paper No. 40*, 2001.

94. Rajan & Zingles, "The Governance of the New Enterprise, *NERB Working Paper 7958*, 2000.

95. Rajan, R. and Zangales, Luigi, Power in a Theory of the Firm, *Quarterly Journal of Economics*, 1998, Vol. 112.

96. Reuer, J. J., "Parent Firm Performance across International Joint Venture Life Cycle Stages", *Journal of International Business Studies*,

2000,31.

97. Rogerson,W. P. ,"Contractual Solutions to the Hold – Up Problem",
*Review of Economic Studies*, 1992,Vol. 59.

98. Rugman, A. M. , *Inside the Multinationals*: *the Economics of International Markets*, London:Croom Helm,1981.

99. Shavell,S. ,"Damage Measures for Breach of Contract", *Bell Journal of Economics*, 1980,Vol. 11.

100. Shenkar O. ,Li J. ,"Knowledge Search in International Cooperative Ventures", *Organization Science*, 1999,10.

101. Shleifer,A. & Vishny. R. ,"Large Share Holders and Corporate Control", *Journal of Political Economy*, 1986,94.

102. Shleifer, A. & Vishny. R. , "A Survey of Corporate Governance", *Journal of Finance*, 1997,Vol. 52.

103. Stuart T. E. ,"Inter Organizational Alliances and the Performance of Firms: A study of Growth and Innovation Rates in a High – technology Industry", *Strategic Management Journal*, 2000,21.

104. Swain A. and Hardy J. ,"Globalization,Institutions,Foreign Investment and the Reintegration of East and Central Europe and the Former Soviet Union with the World Economy", *Regional Studies*, 1998,32(7).

105. Tirole, J. , " Corporate Governance ", *Econometrica*, 2001, Vol. 69,No. 1.

106. Tirole,J. ,"Incomplete Contracts: Where Do We Stand?" Walras – Bowley Lecture,1998, *Forthcoming in Econometrica* .

107. Vernon,Raymond,"International Investment and International Trade in the Product Cycle", *Quarterly Journal of Economics*,1966, May,Vol. 80.

108. Vernon, Raymond, "The Location of Economic Activity", in John H. Dunning ( ed. ), *Economic Analysis and the Multinational Enterprises*, London: Allen and Uniwen,1974.

109. Vernon,R. ,"Conflict and Resolution between Foreign Direct Inves-

tors and Less Development Countries", *Public Policy*, Fall, 1968.

110. Wang, J. and Blomstrom, M., "Foreign Investment and Technology Transfer: a Simple Model", *European Economic Review*, 1992, 36.

111. Williamson, O., "Corporate Finance and Corporate Governance", *Journal of Finance*, 1988, 43.

112. Williamson, O., *Markets and Hierarchies*, New York: Free Press, 1975.

113. Williamson, O., *The Economic Institutions of Capitalism*, New York: Free Press, 1985.

114. Zingales, Luigi, "Corporate Governance", *The New Palgrave Dictionary of Economic and Law*, Stockton Press, London, 1998.

# 后 记

本书是在我的博士论文的基础上,修改并补充研究而形成的专著,也是由我主持的陕西省软科学研究计划项目《陕西省外商投资企业独资控股化趋势效应及对策研究》(项目编号:2008KR116)的阶段性成果之一。

在本书完稿之际,尽管有一种释下重担的轻松,但伴随而来的还有一丝忐忑。这种忐忑的心情主要来自于自身学术修养的不足和研究课题的难度。

现代企业理论是当代经济学中最复杂也是最有吸引力的领域之一。企业是当代经济社会中日益复杂的经济关系的载体,不仅是微观经济学研究的主要对象,而且也是宏观经济学的重要基础,用契约理论来研究现代企业,是当今企业理论的热点。跨国公司和国际合资企业是现代企业的特殊形式,使用不完全契约的观点来分析跨国公司和国际合资企业,交易成本分析范式一直占据着理论主导,但是,用交易成本范式的内部化理论来分析近年来在我国出现的外商投资企业独资化现象,却产生了理论解释上的缺陷,而从不完全契约条件下控制权的角度来分析外企独资化趋势,理论上是一个全新的尝试,确实是一个具有挑战的命题。所幸,我终于完成了这一任务。本书的写作过程本身就是一个占有和消化大量文献的过程,而文献的梳理和吸收几乎使我耗尽精力,但也使我在这一领域的学术研究上有所升华。在本书中,我在参考文献的基础上,利用不完全契约的分析框架,通过分析跨国公司在华投资独资化倾向这一新时期的特有现象,试图阐述自己关于契约理论和国际合资企业的一些观点,如果能够给大家提供一种新的思考视角,那将是我写作本书最大的收获。

首先要感谢我的导师西北大学经济管理学院的赵守国教授,赵老师给予我睿智的指导和启迪，导师深厚的学术功底和渊博的理论素养，让我受益无穷。在本书的写作过程中，赵老师给予了悉心的指导和启发，在此对于导师表示最诚挚的感谢。

我要感谢贾明德教授，他在政务工作和学术工作交错繁忙的情况下，始终关心我的学业和工作，给了我极大的鼓励。还要感谢陈希敏教授和范王榜副教授，两位兄长对于我的学业给予了不懈的支持，没有两位的帮助就没有我在学业上的成长。

感谢陕西省商务厅翟北秦处长和西安市对外贸易经济合作局李志军副局长对于我的研究工作的帮助，在本书的写作过程中，两位挚友给予我无私的支持，为我提供了丰富可信的资料和数据，为本书增色不少。在生活中，两位好友始终在我左右，让我感受到朋友的温暖和鼓励。我还要对于西安财经学院统计学院的张恩祥教授，表示我的感激之情，他对于本书的实证研究部分给予了认真的评点和建议，他深厚的理论功底以及认真求实的学术作风，使我钦佩不已。

我要感谢西安电子科技大学经济管理学院院长赵捧未教授、党委书记王安民教授，在本书的出版过程中，他们给予了全力支持和无私帮助。同时还要感谢西安电子科技大学人事处的杨军诚处长、卢硕老师，他们对于本书的出版也予以了大力支持。

本书的出版得到了西安电子科技大学人才建设基金的资助，在此表示感谢。

还要感谢人民出版社的吴焰东编辑和刘阳编辑，他们对于本书的出版倾注了大量的心血。当然，本书所出现的错误及疏漏均由我本人负责。

最后，我还要感谢我的妻子孙丹峰女士和我可爱的儿子王荪玮，你们的亲情和关爱，是我努力奋斗的精神支柱和源泉，也是我完成研究的动力所在，谨以此书献给你们。

王　涛

2008 年 9 月 25 日于西安电子科技大学

策划编辑:吴炤东
责任编辑:吴炤东
封面设计:肖　辉

**图书在版编目(CIP)数据**

契约、控制权与效率——外商投资企业独资化倾向的理论与实证研究/
王涛　著. -北京:人民出版社,2008.11
ISBN 978 - 7 - 01 - 007412 - 2

Ⅰ. 契⋯　Ⅱ. 王⋯　Ⅲ. 外资公司-研究-中国　Ⅳ. F279.244.3

中国版本图书馆 CIP 数据核字(2008)第 162115 号

契约、控制权与效率
QIYUE KONGZHIQUAN YU XIAOLÜ
——外商投资企业独资化倾向的理论与实证研究

王　涛　著

人民出版社 出版发行
(100706　北京朝阳门内大街 166 号)

北京集惠印刷有限责任公司印刷　新华书店经销

2008 年 11 月第 1 版　2008 年 11 月北京第 1 次印刷
开本:710 毫米×1000 毫米 1/16　印张:13.5
字数:201 千字　印数:0,001 - 2,500 册

ISBN 978 - 7 - 01 - 007412 - 2　定价:29.80 元

邮购地址 100706　北京朝阳门内大街 166 号
人民东方图书销售中心　电话 (010)65250042　65289539